JN097486

松田美智子が伝えたい日本の四季の味

家庭料理は郷土料理から始まります。

松田美智子

平凡社

家庭料理は郷土料理から始まります。

秋

冬

おやつ

＊レシピは作りやすい分量で紹介しています。
参考：「うちの郷土料理」（農林水産省）
https://www.maff.go.jp/j/keikaku/syokubunka/k_ryouri/

私と料理
これまで、これから

私の子ども時代

子どもの頃、濡れ縁で、小さなまな板と包丁で料理の真似事をする古い写真が残っています。当時の女の子なら誰もが遊んだおままごと――と思いきや、私はちょっと変わっていました。庭の池の金魚をつかまえて、砂をまぶしてフライにしようとしてしまったのですから。きっと夕食に母が作ってくれた鯵フライがおいしくて、自分でも作ってみたくて、でもまだ台所は使わせてもらえない、それほど幼かった頃のことです。

そんな私が初めて一人で料理を作って振る舞ったのは、小学四年生の冬でした。祖母の看病で東京の実家に行った母が、大雪で鎌倉まで帰って来られなくなった日のことです。自分と弟、お手伝いさんの三人分の夕飯をこしらえたのを覚えています。残りご飯で炒めご飯にする程度の簡単なものだったと思いますが、年若いお手伝いさん任せにしたくない、自分でおいしいものを作りたい、という気持ちが強かったのです。台所に立ち、自分の好きな料理を作る面白さに目覚めたのはその時でした。

小学校高学年の頃からは、毎週日曜、家族の朝食を作るのは私。平日は早朝から台所に立つ母は、日曜日はゆっくり起きて、朝ごはんはそれから、というのが我が家の風習でした。つまり日曜日の朝は、私が自由に台所を使える時間。鬼の居ぬ間とばかりに、いろいろな料理を試し、器も好きに選んで盛りつけるのが楽しみでした。それなりにおいしい朝ごはんができていれば、家族は喜んでくれる。料理は短時間で完結できて、その場で評価がもらえて、結果がよければ褒めてもらえる——後から思えば、きっと短気でせっかちな私には、料理というものが性格に合っていたのだと思います。

おままごとが大好きだった幼少期。

祖父母の家で

母は飯田深雪(いいだみゆき)先生に料理を学び、結婚後も近所で家庭料理を教えてくれる方に習っていました。父も母もおいしいものが好きでしたから、母の手料理、父が時々持って帰る地方のお土産や東京の洋食店の味、父が出張の夜に母と弟とよく出掛けた鎌倉のレストラン——私の食生活は恵まれていたと思います。そしてそれ以上に、私を料理好き、もてなし好きに導いてくれたのは、幼い頃の祖父母の家での体験でした。

東京で生まれた私は、小学校に上がるのを機に、父方の祖父母が住む鎌倉に一家で引っ越しました。政治家だった祖父の家は、さながらお稽古場のように習い事の会が開かれ、華道や茶道、仕舞や鎌倉彫の先生方を招いて、知人の奥様やお嬢さん方が習いにみえていました。とりわけ私が好きだったのは、お花の日。生徒さんが切り落とした余りをもらい、トイレに花を生ける役目を買ってでました。帰宅した祖父は、「美智子の生けた花はいい」ときまって褒めてくれるのです。女の子の孫は私が初めてでしたから、祖父母はことのほか可愛がってくれました。普段は威厳のある祖父が、美智子はいい、美智子は上手、と何をしても大勢の前で褒めそやしてくれる。嬉しくないはずがありません。褒められれば天にも昇る心地がするという私の性格は、ここで育まれた気がします。

祖母は人をもてなす心を大切にし、惜しみなく力を注ぐ人だったと思います。お稽古の日も、今日はこの習い事、今日はあの先生だから、と玄関のしつらいからお出しする昼食やお茶菓子まで、それぞれに合わせて気を配り、手伝ってくれる人たちを差配するのも上手。日常からしてそうですから、大勢の年始客を迎えるお正月の大変なことといったら――。幼心にきびきびした祖母の姿は印象的でした。それでつい私は、「おばあちゃまは命令が上手です」と作文に書いて、こっぴどく叱られたのですが……。でも、家にいらしたお客様には、いらっしゃる前よりも気持ちよくなってお帰りいただかなくてはね、という祖母の口癖は、おもてなしの心得として、私にしっかり受け継がれています。「振る舞うのだったら最善に振る舞う」「けちけち振る舞うくらいならやらなくていい」、それが祖母の考え方でした。

祖母の言葉だけでなく、その頃、華道や茶道の先生方がふと話されたことなども、後年、ああ、あの時、仰っていたのはこういうことだったのだな、と思い出すことがあります。私がそういうことに関心がある子どもだったこともあるでしょうけれど、幼くまっさらな時だからこそ、耳にした言葉がすーっと染み込み、自然に身になり、心に残った気がします。

そしてもうひとつ、幼い私が祖父母の家で楽しかったのは、季節の仕事でした。親子で住み込みで家の手伝いや山仕事をしてくれる人がいて、一緒に蓬を摘んで草餅を作ったり、昔の防空壕で育てていた椎茸や、木に自生する木耳(きくらげ)を採りに行ったり、梅酒を漬けたり干し柿を作る手伝いをしたり。野遊び、山遊びをしながら、そうした昔ながらの季節の仕事とともに一年が巡っていく生活を体験できたのは、今の私にとって、とても大きなことだったと思います。

高校時代、ホルトハウス房子先生の教室へ

私が通ったのは鎌倉の小中高一貫の女子校でした。中学の時のクラス担任は、家庭科の先生。家庭科の授業ではパジャマやエプロンを縫うのも楽しく、その先生とは今も交流が続いています。気が合う担任の先生に、自分の好きな料理や裁縫を評価してもらえたことは、とかく勉強ばかり重視されがちな学生時代にとてもありがたく、楽しい思い出ばかりの学校生活でした。

料理だけでなく、手を動かして何かを作ることも当時から好きで、今もずっと続

けています。そんな私が高校卒業後の進路を考える時期になり、なぜか美術系の最難関、東京藝術大学を目指そうと決めたのです。上級生に鎌倉彫の老舗のお嬢さんがいらして、工芸に興味があった私は彼女が藝大を目指していることに感化されたのかもしれません。当然、両親は大反対。でも私は意志を貫き、浪人は一年までという条件で、受験を認めてもらいました。

その頃、私は鎌倉の島森書店で、一冊の本に出会います。ホルトハウス房子先生の『私のおもてなし料理』。そしてこの先生に料理を習いたい、そう強く思ったのです。母の友人で料理好きの方が家にみえた時、料理のことを話しながら、おばちゃま、私、この方にお料理習ってみたいんだけど——と本を見せると、なんと「私もお教室に通っているのよ」と仰るではありませんか。紹介していただきたいとお願いして、勉強も必ずするからと、両親を説得しました。まだ高校生、受験も控えている今でなくても、と母は思ったかもしれません。でも私は今すぐにでも、この本の中に広がる世界——見たこともない料理や、外国の香り、先生のテーブルセッティングやお宅のしつらいに触れたいと思ったのだと思います。

それから十年余り、結婚後も地方から通い続けた、鎌倉山の先生のご自宅での教室。学んだことは、どれだけ語っても語りきれないでしょう。昭和四〇年代の初め、戦後の高度成長期の時代、洋食も海外の食文化も日本の家庭に一気に入ってきた時代です。でもホルトハウス先生ご自身が海外で体験してご自身のものにされた料理は、それとは全く違うものでした。だからこそ、私はあの本をひと目見て、強く魅かれたのだと思います。絵画も調度も器も、先生らしい審美眼が感じられる本物がそこに調和している空間で、大人の女性たちに混ざって、高校生の時からその場にいられたこと——何もかも大きな出会いでした。

大学時代と花嫁修業

藝大なんてどうせ受かりっこないでしょう、浪人は一年まで。そう両親に決められていた私は、一浪して東京の女子美術大学に入学しました。下宿は許されず、鎌倉から通えることも美大受験の条件でした。大学ではテキスタイルを学びました。今思うと、女子美で染織を専攻するなら、日本の伝統的な染織を学んでおけばよかったと思うのですが、当時は西洋に目が向いていたのでしょう。海外のファッション雑誌を購読し始めたのも大学時代のこと。最初にその雑誌を教えてくれたのは叔母で、載っていたレセピで焼いてくれた林檎のケーキは、それからずっとアレンジしながら作り続けています。当時すでに「アンアン」も創刊され、それ以前から「装苑」を愛読していた私ですが、世界の最先端をじかに知る術は、やはり海外の若い女性向けの雑誌を読むことでした。

大学時代、夏休みは友だちと毎日のように海へ。食べやすくて見た目も可愛い、もちろんおいしいお弁当を考えるのも大きな楽しみでした。その頃は大人たちが家で麻雀卓を囲むこともよくありましたから、オーダーを取ってサンドイッチを作ったり、両親が旅行に出掛けたお正月、弟が友だちを十人連れてきて、全員にお雑煮を振る舞ったりしたことも。料理の腕をふるって誰かを喜ばせ、褒めてもらうことが楽しくて仕方がなかったのです。

ホルトハウス先生の教室以外に、海で仲良くなったほかの大学の友人に誘われて、中国料理も東京で少人数の教室に通い始めました。続いて日本料理の志の島忠先生の教室にも。ここでは和食をひと通り教わり、下ごしらえなどの基本を身につけることができました。新しい料理を覚えては家で作り、家族もおいしいと喜んでくれる。結婚前の女性が料理を習うのは「花嫁修業」のひとつとされていました。花嫁修業だなんて、いかにも昔風の言葉かもしれません。でも当時はそれが特別なことでもありませんでしたし、料理が大好きな私にとっては楽しみでしかありませんでした。

もうひとつ、当時のことで忘れられないのは、私が東京の大学に通うようになって、母方の祖父との交流が増えたことです。祖母がわりあい早く亡くなり、祖父が病院に行く時など、私がよく付き添うようになりました。病院の帰りにはいろいろな店に連れて行ってくれ、中にはなかなか経験できないような一流店もありました。祖父はかなりの美食家で、外食が好きなだけでなく、渓流釣りが趣味で、自分で鮎の甘露煮を作るような人。夏には静岡の狩野川に出掛け、まだ子どもだった私も弟も「落合楼」に一緒に泊まり、宿の方が鮎のうるかや筒焼きを川で調理してくれるのを飽かず眺めては美食に与っていたのです。

母方の祖母はおおらかな女性でしたが、祖父はきっちりしたところがありました。家に行くとクッキーの缶が棚に置かれているのですが、クッキーを出した後は、必ずセロハンテープを元通りに蓋にするように、と言うのです。どうして、と聞くと「乾燥してないとおいしくないだろ」。地下室にある到来物のメロンも、切ってほしいな、なんて思っていると「これはまだ、食べ頃は明後日だよ」などと言います。私も可笑しなことを覚えているものですが、今思うと、あの時代の男性にしては、祖父はおいしいものを自分がおいしいと思うように食べる術が身についていたのかもしれません。アイロンも祖母任せにせず、自分でぴしっとかけていました。

最初の結婚、そして訳あって働きます

あの頃の自分は、「夢見る夢子さん」だったと思います。早く結婚することに疑いもなく、むしろ母の台所ではなく、自分が家庭を持ち、自分の家のキッチンを好きなように造り、自分の城のように使う生活に憧れていました。大学在学中に結婚が決まり、卒業の秋に夫について新潟へ。官舎の台所にはGEの冷蔵庫とオーブンを入れました。私にとって親元を離れて暮らすのも、地方で暮らすのも、もちろん初めてのことでした。

夫との間に行き違いが生まれ、別れたいと思うようになったのは、新潟から東京に戻り、新しい生活を始めてからのこと。そう簡単には私の両親も認めてくれなかったものの、結局は離婚に至りました。鎌倉の実家に戻り、また何か習い事を始めようか、このままではまた親に次の結婚を決められてしまうかもしれない、それでいいのだろうか――と迷う日々。でも私には外で働いた経験がありません。仕事を持っていた叔母に相談すると、すすめてくれたのが、叔母の知人が始めたスイス製

の鍋の販売会社に勤めることでした。事務所に英語でかかってくる電話への対応や、即席で習った英文タイプでの書類作成、そしてそれよりも私に期待された役目は、社長が接待や商談をする場をセッティングしたりアテンドすることだったかもしれません。誰かが気に入りそうな店や遊びを考えたり、気を配ったりすることは、私の性分として全く苦にならなかったのです。

事務所は飯倉にありました。ある日、一人でキャンティで食事をしていた時、たまたま店に居合わせた男性と話す機会がありました。私が、ニューヨークではパーティーで洒落たケータリングが流行っていて、そういう仕事に興味があると話すと、あなたと同じようなことを考えている女性がいるから、一度一緒に飲みに行きませんかと誘われたのです。離婚してから就職するまでの間、私は叔父が暮らすニューヨークで数週間過ごしていました。時代は一九七〇年代の終わりから八〇年代が始まる頃。ニューヨークではシルバーパレット、ディーン&デルーカといったデリカテッセンができて、滞在中に一度、グロリアスフーズのケータリングもパーティーで体験する機会に恵まれていました。

私の世代にはずっとアメリカへの憧れがありました。小学生だった六〇年代、テレビで観た「ルーシー・ショー」や「奥さまは魔女」。母の手製の服よりもTシャツとジーンズを着たかったティーンの頃。日本が高度成長期を経た後のこの頃でもまだ、ニューヨークと東京にはスーパーひとつにしても大きな差がありました。街には佇まいも素敵なデリの店が並び、いかにもそんな料理が作れそうな気になるモダンな調理器具も並んでいる。見ているだけで、店に入るだけで胸が躍り、スキップしたくなるくらい楽しかったのです。

ケータリングの仕事

そんな偶然のきっかけで紹介された桜井莞子(えみこ)さんとは、年齢も離れ、価値観など違いもたくさんありましたが、どこかおいしいと思う味と感性が合うところがあったのでしょう。そして日本にはそれまでなかったようなお洒落なケータリングをやりたい、その思いは共通していました。日本の雑誌文化やファッション、音楽、テレビなどすべてに勢いがあった八〇年代。ひとつのパーティーのケータリングが話題になると、評判が評判を呼び、次々に仕事が舞い込みました。最初は桜井さんの家のベッドの下に布団を敷いて眠り、鎌倉の実家で器を借りては夜中に車を飛ばして往復して仕事をこなしていた私も、青山に自分のマンションを借り、事務所も西麻布に構え、スタッフも雇って、とまたたく間に広告代理店経由で仕事を受けるほどビジネスの規模も大きくなっていったのです。

渡辺貞夫さんのライブや、ファッションブランド「ビギ」のショーの打ち上げパーティー、編集者の方の会社のオープニングパーティー……。料理だけでなく器も特注し、サービスや空間全体の演出もしていました。知人の建築家、エドワード鈴木さんのニューヨークでの個展でオープニングパーティーを頼まれた時は、籠と和

野菜を使った前菜。ファッションショーの打上げにて。

西麻布The Wallのオープニングパーティーで用意した緑野菜のツリー。お客さまを驚かせることもケータリングの楽しみ。

紙を持って飛行機に乗り、現地で長い銅板や竹などの花材を手に入れて、和風のパーティーテーブルを作ったこともあります。好評だった料理のアイデアは、発泡スチロールを和紙やホイルで包んだ台に、竹串に刺したフィンガーフードの先端を突き刺す「串刺しシリーズ」。これは青山のスパイラルホールで、ディオールのメイクアップアーティストの写真展が開かれた時のオープニングパーティーでも依頼されたものです。肉団子、蒟蒻（こんにゃく）の甘辛煮、プチトマトなど、串に刺すものの色や味つけもイベントのテーマによって工夫しました。藝大を目指し、女子美で染織を学び、結局は料理の世界に足を踏み入れた私ですが、女子美の授業で学んだ立体構成などは、少しはこうしたパーティープロデュースの仕事に役立ったのではないかと思っています。

雑誌、テレビの仕事から学んだこと

ケータリングの仕事が一段落した頃から、編集者の方に声をかけていただいて、雑誌の仕事にも関わるようになっていました。最初は撮影の時に器の位置を直したり、撮影に使う小物を準備したり、撮影助手といいますか、今でいうスタイリストやフードスタイリストのような仕事からのスタートです。雑誌は私が高校生の時からその誌面でホルトハウス先生を目にしていた「ミセス」、テーマは器特集。カメラマンは、当時他誌でも活躍され、その写真の素晴らしさに憧れていた、湯浅哲夫さん。あの仕事を間近で見ることができる！　と感激したことは忘れられません。湯浅さんとはその後、数々の現場をともにし、私の単行本も何冊も、スタイリッシュに、おいしそうに撮影してくださいました。

「ミセス」で料理家として依頼を受けた初仕事は、「ビールのおつまみ四〇品」。撮影が終わった時は初めて立っていられないほど疲れ果てていましたが、それ以上に幸福感、充足感でいっぱいでした。雑誌の仕事で料理のアイデアを考えるのは何よりも楽しいこと。テーマをいただき、それに相応しい料理や器を考えるという点では、ケータリングやパーティープロデュースも同じです。相手の求めに応えて、なおかつ自分の持っているものも楽しく出すことができ、結果を皆に喜んでもらえたら、こんなに嬉しいことはありません。編集者やカメラマン、デザイナーの方とチームで仕事をすることは、とても勉強になりました。知識もセンスもあり、勉強家で、いい誌面を作るという情熱と自負に溢れていて、皆の力を結集して作られた雑誌が世に送り出されていく。自分もその中にいることが嬉しく、身が引き締まる思いでもありました。

せっかちで、人を待たせるのが嫌な私は、一をしながら二と三を回していく撮影現場の仕事に向いていたのかもしれません。その集中力が自分にあることも実感できたのですが、仕事に慣れてくると事前に綿密に計画を立てなくなり、その場で決断することも多くなっていきました。それが功を奏したこともあれば、やはり事前に考えていた通りにすればよかったと悔やんだ時も。撮り直しさせてくださいと言えばよかったと、誌面を見て思う、そんな失敗も糧になったと、今は思います。

プロの人に学んだこと

雑誌やテレビの仕事が増えていった当時、多くの方たちが親身にアドバイスをしてくださいました。マネージメントをしてくださる会社の社長は元婦人誌の編集者。身につける服から髪型まで指導していただきました。テレビでは、見ている人に伝わるようなコメントを考えること。滑舌よく、大きく口をあけてはっきり話すこと。アナウンサーの方に個人指導をお願いし、正しいイントネーションも習いました。着物くらい着られるように、とアドバイスしてくださる方もあり、着付けも友禅染の着物作家の方に個人教授をお願いしました。所作の基本も身につけたいと、子どもの頃に親しんだ茶道も再開。私の出演する番組を見た視聴者の方から「所作のきれいな先生」と感想が寄せられたと聞き、それはそれは嬉しかったことを思い出します。何かを身につけたいと思ったら、自分がすごいなと思う人、その道の一流のプロに学ぶのが早道だと私は思います。

母は厳しい人で、私は「三日、三週間、三年頑張れたらモノになる」と言われ続けて育ちました。ともかく三年間は、アドバイスや指導をしてくださる方の仰る通りにやってみよう、私がそう思えたのは母の躾のおかげかもしれません。あなたを可愛いと思い、なんとかしてあげたいと思うから言っている、どうでもいいと思えばもう私は叱りません、それも母が子どもの私に言ったこと。他人でありながら、まさに身内のように親身になって、私を高めるために導いてくださった多くの方が周囲にいてくださったことには感謝しかありません。

料理教室を始めて

私が二度目の結婚をしたのは、ニューヨークでパーティープロデュースの仕事をしたいと悩み始めていた頃のこと。結婚することになり、どうせするなら、すべてやめて結婚しよう、そう考えました。ですからその時は、自分が料理を教えるということは考えたこともなかったのです。きっかけは、夫の姪から料理を教えてほしいと頼まれたこと。姪が会社の友人たちに声をかけ、自宅のキッチンと六人掛けのテーブルでのスタートでした。

それまでも友人たちを招いた時など「おいしい！　どうやって作るの？」と聞か

料理教室を始めた頃。
料理はもちろん器やしつらい、お花など、
おもてなしの方法を伝授。

れると嬉しくて、作り方を教えていました。でも教室でお金をいただくとなると、それとは全く違います。自分が先生方に教えていただいたような、習う価値のある料理、通う意味のある教室にするにはどうしたらいいか、真剣に考えました。

改めて本や雑誌を読み、料理番組を見る中で、自分なりに考えたのは、おいしいのはもちろん、なぜおいしいのかを語れなくては、ということです。そしてはたと気づきました、「料理」は漢字で「理（ことわり）を料（はか）る」と書くではないかと――。そこで、これまでの自分の料理の工程を、なぜここでこうするのか検証し、その理由の裏付けができたら、料理を教えてもいいのではないかと思い至ったのです。料理の科学や栄養学の本で学び、たとえば昔から家庭の台所で教えられてきた、調味料の順番は「さしすせそ」という言葉にも根拠があると納得できました。必要な栄養を無駄なく摂ること、塩分や脂を控える工夫、塩分を控えるためには砂糖も必要であること――。当時考えたモットー、「楽しく作って心も身体も健康」は、今も私の家庭料理の基本です。

教室を始めるにあたっては、花を生け、器もきちんとしたものを少しずつそろえ、台所も家の中もきれいに整える、そうしたことにも注力しなくてはなりません。祖母もこうだった、ホルトハウス先生はこうしていらした……子どもの頃から見聞きしていたことが、知らず知らずに身についていたことがありがたく、そして自分が教室を始めてみると、それを続けていくのがどれだけ大変か、身をもって理解したのです。最初の頃は、あと二〇分で生徒さんがいらっしゃるのに、買っておいたはずの生姜がない！　と慌てて八百屋さんまでダッシュで往復、なんていう失敗も。失敗や困難を乗り越えながら続けてきた料理教室。でも、料理を教えることは、すごく楽しくて好きな仕事です。

結婚して実践料理

姪のリクエストで始まった、私の料理教室。裏返せば、夫の姪だったからこそ始められたことで、夫も義母も、私が仕事をすることに決して理解があったわけではありません。自宅で料理教室や撮影をしている日は、夫に帰宅前に必ず電話して、とお願いしたり、仕事が長引いた時は、すみません、もうしばらく帰ってこないで、と私が電話したり。これでは続かなくなると、周囲のすすめもあって、仕事場を独立させました。一九九三年、私が三八歳の時です。

仕事場を借り、キッチンスタジオに改装するために資金を借りたのは実家の父。

「料理の学校を出たわけでもなく花嫁修業の延長で、何が教えられるの？」実家の母は、私の料理教室が長続きしないだろうと思っていた節がありますが、逆境に強くなった私のこと、三、四年で借金完済。その頃はバブルがはじけたとはいえまだ余裕があった時代で、料理を習う方も多く、アシスタントさんにも来てもらうようになり、月に二〇クラスほど持っていたと思います。つくづく私は人にも運にも恵まれていました。

その頃、「女優のように振る舞いなさい」と、マネージメント事務所の女性社長がアドバイスをくれました。たとえ夫が帰宅する二分前に家に滑り込んだとしても、もっと前からいたような涼しい顔をして玄関を開けて夫を迎えなさい、と。夫との夕飯を終えて、日付が変わる頃に事務所に戻って徹夜で仕事、そんな日も週に一、二度はありました。ですから私の家庭料理は、すべてその生活から生まれた、家庭を持ちながら働く女性の実践料理。いい加減なものや前の日と同じものは、自分も食べたくないし、夫にも食べさせたくありません。それで行きついたのが、いかようにも展開できるように下ごしらえしたものを幾つか冷蔵や冷凍で持ち、それを使ったレパートリーを増やすという方法でした。仕事場から帰宅する車の中で頭をフル回転させてメニューを考え段取りを組み立て、そこから生まれた定番料理も幾つもありますから、この日々があったことに感謝しています。そう、私の最初の著書のタイトルは、『夫のことを考えた幸せのごはん』でした。

海外に出て、日本人として気づかされたこと

料理教室も軌道に乗り、四〇代になった頃でしょうか。カリフォルニアのソノマに暮らす友人の家で休暇を過ごすことが続きました。友人は叔母の遠縁にあたる男性で、食べることが好き。ワイナリーではありませんが、自宅は広大な葡萄畑でした。夜は誰かの家に集まって、ワインを片手に会話を楽しみ、招かれたシェフが料理を作ったり、私が手伝ったり、何か一品作って、と頼まれたり。ソノマは、アメリカンドリームを実現させた人を惹きつけるような場所です。昼間、隣の家の庭で草取りをしていたお爺さんが、夜になったら素敵にドレスアップして夕食の場にいて、「ああ、彼はプライベートジェットでニューヨークから自分の畑の葡萄の様子を見に来てるんだよ」などと聞かされて仰天したことも。去年ファーマーズマーケットで買って気に入った野菜を、今年はないの？　と聞くと、「今年はまだ実がならないんだよ」という返事。そうか、無理に栽培して出荷時期に間に合わせるので

はなく、できたらもいで売る、日本ではいつのまにか忘れていたような、そんな自然の摂理に合った農業や生活がここにはあるのだと気づかされることもありました。

ソノマに集う人たちとの会話は、私が日本の食文化を見つめ直すきっかけになったと思います。東京に行ったらどこの寿司屋がおいしいの？　といった表面的な食の情報ではなく、小豆をどうやって煮るのか、鰹節削りを買おうと思うけれど、どういうものがいいのか、彼らはそんな深い興味を持っていたのです。ワイン文化が息づく土地で、日本酒に関心がある人も多く集まっていました。ここでの会話を機に、私は小豆の煮方や和菓子の作り方を習い、次にソノマを訪れた時には、その話を披露することもできたのです。日本人は繊細な舌を持っている、日本のクッキングサイエンスは素晴らしい。世界標準を知る彼等が、そう太鼓判を押してくれたことも、私が日本の食文化にもっと誇りを持てるようになったきっかけのひとつです。

日本各地へ、見ると聞くとは大違い

日本の食文化、日本の食材をもっと知りたいという私の思いとリンクするように、仕事で地方を訪ねる機会をいただくことも増えてきました。そして機会を重ねるごとに気づいたのです、見ると聞くとは大違いだと。頭で理解するのと、現場に立ち、海や山、川がどのようにあり、どのように風が吹くか、この街道はどこからどこへ通じているのか、この畑の土はどんな土か――それを自分の目で見るのとでは理解が全く違います。見たい知りたいという思いがさらに募るようになりました。親しくなった編集者やライターの方と、行った所や行きたい場所の情報交換をしてプライベートでも地方へ出掛けるようになり、雑誌やテレビの仕事だけではなく、県などの地方自治体から町おこしや食材を利用したメニュー考案などの仕事も依頼されるようになりました。そうなると、現地で案内してくださる方も地元の産物を熟知した、農業や水産業のプロばかり。生産者の方と直接知り合う機会も増え、各地で出会った食材や調味料を自分の料理に取り入れたり、紹介したりということが、この二、三〇年はずっと続き、縁が広がってきたように思います。

地方では、ずっとその場でその食材や料理を守ってきた人と出会うことができます。一時は途絶えかけたものを復活させた人、畑を守ってきた人……料理が続いていくには、その何かひとつ、たとえば地元の調味料であるとか、作物であるとか、それが欠けると続かなくなってしまうこともあるのです。日本全国に伝わる素材、味、そのものをきちんと伝承していくお手伝いが少しでもできたらと痛感します。

「昔はあれを使っていたんだけどね」というような話を私がよく聞くのは、地元の居酒屋のお母さんたち。「今はこれしか手に入らないからこうしているのよ」といった知恵からも学ぶことがあります。案内していただく店だけでなく、自分の五感を働かせ、その土地のリアルに触れる術も、だんだん体得できてきました。地元の名物料理や郷土料理といわれるものも、店によって違いがあり個性があります。それこそが、各家庭での家庭料理の違いでもあると思うのです。

これからも家庭料理で伝えていきたいこと

家庭料理をずっと続けてきて、最近気になるのは、日本の家庭料理が手抜き料理になりすぎていませんか、ということです。手抜きの簡単、時短ではなくて、私が伝えたいのは、後が楽になる、余裕を生むためにひと手間かけることの大切さ。それが真の時短になると思います。大事な工程を省いた手抜き料理では、やはり悲しいかな、料理はおいしくならないのです。もちろん、便利な器具も使います。でも何でも電子レンジ、プロセッサーを使うのではなく、この素材のこの工程なら、と分かった上で使いたい。それには蒸籠や擂鉢、鰹節削りを使った、本物の味を一度は体験していなければ、味や仕上がりの違いを理解することはできません。本物を知らなければ、正しい選択もできないし、創意工夫も難しいでしょう。

今の若い方たちは皆さん賢い、本当にそう思います。そして情報も手に入れやすい。だからこそ、家庭で受け継がれてきた料理の知恵、私の母や祖母の世代が家族においしい料理を作りたいと苦心した創意工夫に、もっと今ならではの知恵と工夫を重ねていっていただきたいなと思うのです。私がしたいのは、その橋渡しでしょ

地方で行われた「郷土料理の会」にて。
地元の皆さんと、旬の食材を調理。

うか。今は親も子もそれぞれに忙しく、一緒に台所に立つ機会がないのなら、私が子どもたちのお母さんがわりになりたい、そう思って、子どもに料理を教える教室をやりたいな、とも考えています。

そして日本の料理と必ずともにあるのが四季。菜の花のお浸しひとつでも季節のものを食卓にのせて、できたら季節の花もちょっと飾って、そのことを親子で話題にしてほしいのです。器の扱いや箸使い、食卓をともに囲む人と楽しく食事をする気遣い……「日本の文化は卓袱台から」といえるほど、そこには大切なことが詰まっていると思うからです。

家庭の味、自分の味を見つけること

その土地には土地の味があり、家庭には各家庭の味があります。レセピはあくまでも手引書です。私が出会った様々な料理を自分流に変化させているように、ご自分の料理にしていっていただければと思います。でも、作り方の中で、下ごしらえ、手順や調味料を入れる順番などには、そうするとおいしいという科学的な理由がありますから、そこはぜひ参考にしていただければと思います。私が料理をお教えするようになって大切にしているのが、「理」を「料る」という料理科学です。「料理」という漢字がきちんと示しています。こうして改めて漢字を見ると「調味料」も味を調べて料ると、教えてくれています。

レセピには中火で何分などと書いてありますが、熱源や調理器具もご家庭により様々。あくまで目安とお考えください。そして、「味をみて醬油を適宜……」などと書いてありますが、調味料も各家庭で違います。私がいつもお伝えしたいのは、まずご自分が使っている調味料の味を知っておきましょう、ということ。私も、久しぶりに味噌を使った煮ものを作るような時は、普段味噌汁に使っている味噌でも、必ず味を確かめて分量を考えています。生の肉や魚を味見するわけにはいきませんが、野菜もちょっと生でかじってみると、その日の素材の水分量や甘み、えぐみなどが分かります。料理の味見をする以前に、使う素材や調味料の味見をなさってみてください。

各地を訪ねるたびに、醬油や味噌といった基本の調味料に、その土地の個性や好みが現れていると知りました。ご自分の慣れ親しんだ郷土の味や、ご家族の好みを大切になさって、ぜひ家庭料理を楽しんで作っていただければ嬉しいです。楽しく作っておいしくいただいて、心も身体も健康！　家庭料理はこれに尽きます。

深川めし ●東京

鯛めし ●愛媛ほか

筍 ●京都ほか

ほたるいかの酢味噌和え ●富山ほか

若ごぼうと豚肉の炒めもの ●大阪

桜海老と葱のかき揚げ ●静岡

あらめの煮もの ●島根

うすい豆ご飯 ●和歌山

深川めし

深川めしは、東京深川の地名がついた、江戸東京の伝統食です。かつてはこの辺りにも砂浜が広がり、深川浦では浅蜊や蛤、青柳、牡蠣などの貝類が獲れたといいます。新鮮な浅蜊のむき身を葱とさっと煮て、汁ごとご飯にかけたぶっかけめし。きっぷのいい江戸の男たちが、しゃかしゃかっと掻き込んだのかな、などと想像すると楽しくなります。コンビニエントでありながら、炭水化物とタンパク質と野菜がちゃんととれる、栄養も味のバランスもすぐれた、すごくいい一品だと思います。

浅蜊のむき身は、質のいいものとそうでないものとで味が全然違う。それを知ったのは、以前の仕事場の近くで、偶然、車で引き売りに来ている魚屋さんと出会った時のこと。自分でむいた身の大きな浅蜊を「奥さん、このむき汁が大事だからね、浅蜊は」と、汁ごと袋に入れてくれました。それで深川めしを作ってみたら、そのおいしいこと！　浅蜊から出た旨みだけで、だしはいらないくらいで、こんなに違うものかと驚きました。

とはいえ、浅蜊を自分でむき身にするのは大変だし、上等なむき身を汁ごとはなかなか手に入りません。そこでどうしたら普通のむき身をおいしくできるか、私が考えたのは、とにかくジューシーにするしかない、ということ。買ってきたむき身をバットに汁ごとあけて、浅蜊の内臓にお酒を吸わせる方法です。

深川めしは、二人分で、浅蜊はむき汁も合わせて二〇〇グラム。これを酒大さじ三と合わせて一五分ほどおきます。長葱二分の一本は、芯を除いて斜め薄切りにします。

鍋にだし一カップ半と生姜の千切り大さじ一杯分を合わせてさっと煮立て、ここに酒を吸って身がぷっくりした浅蜊を汁ごと加えます。味をみて、塩を小さじ半分を目安に加えます。火が入った浅蜊がぷーっと膨らんできたところに、葱を加えたら火を止めます。葱の量は好き好きですが、私はおいしい甘い葱をたっぷりが好み。最後に味をみて、薄口醤油を垂らします。

ご飯は、硬めに炊いた炊きたてでもいいのですが、お櫃（ひつ）に入れておくと程よく水分が抜けておいしくなります。朝炊いたご飯をお櫃に移しておいて、お昼にさっと深川めし、なんて、いいですよね。小丼にご飯を盛り、深川汁をかけて、吸口に三つ葉をあしらいます。黒胡椒を割り胡椒にして添えて、一口、二口いただいてから割り胡椒を、というのも私が好きな食べ方です。胡椒は西洋料理のものというイメージがありますが、江戸料理で吸口によく使われていたことを、かつて東京大塚にあった江戸料理の「なべ家」さんで教わりました。

夏なら冷たい深川めしも乙なものです。その場合は、葱を入れる前の状態の汁を冷蔵庫で冷やしておき、器に盛る時にさらし葱を。おもてなしの最後や、お酒の後にさらさらっといただけます。

深川めしは、浅蜊を味噌汁にしてご飯にかけたという説もあるのですが、私の深川めしは、生姜をきかせた醬油味です。今は国産のいい浅蜊は結構値の張るものになってしまったとはいえ、もともとは庶民的なぶっかけめし。それをあえて、ちょっといい器で食べるのが素敵だなと私は思っていて、義母から譲られた蓋付きの器を使っています。

浅蜊のこと

地域によっては浅蜊が手に入りやすかったり、いい魚屋さんが近所にあってむき身にしてくれるという方もあるでしょう。東京ならいっそ、築地に行くのがおすすめです。私に「日本産の浅蜊は身が厚いから貝殻の形がぽっこりしてるんだよ」と見分け方を教えてくれたのが、築地の貝専門店です。ひとつ今日は江戸の料理を作ってみようと、築地に行くことから始める、そんな楽しみ方もあるのではないでしょうか。

浅蜊のいいむき身がたくさん手に入ったら、半量は深川めしに、あとは別の料理にします。たとえばお酒に浸けておいて、かき揚げやチヂミに。生姜の千切りたっぷりと、お酒、みりん少々、薄口醤油で浅炊きにしてごはんのおかずに。火さえ通しておけば日持ちしますし、これをだしで割れば、浅蜊入りの茶碗蒸しもすぐ作れます。なかなか手に入りにくい食材こそ、あんなふうにもこんなふうにも展開できるというレパートリーがあると、ある程度の量を買って、しばらくいろいろに楽しむことができるのです。

鯛めし

鯛めしは、私にとっては実家の味、母の定番料理です。昔は結婚式の引出物に、よく尾頭付きの鯛がありました。かちんかちんに硬くなっている小さな塩焼きの鯛を、母はご飯の上にのせて炊いて、ふっくら炊き上がった身をほぐして鯛めしにしてくれたものです。鯛めしは、あの結婚式の鯛を、いちばんおいしく食べる方法だったのではないでしょうか。その鯛めしが余ったら、次の日は炒めご飯にしたり、だし茶漬けにしてみたり。母の時代の家庭の主婦は、次の日も同じ料理を出すことはせず、何かしら手を加えて別の一品にする工夫もしていたと思います。

お客様の時に、私はよく土鍋で鯛めしを炊きます。一尾でなくても、手に入りやすい切り身を塩焼きにすれば、もっと気軽に作れます。ですが、生姜を丁寧に細かく切るとか、山椒の葉をたっぷり刻むとか、そういう決まり事は手を抜かず、はしょらずに。皮にオリーブオイルを塗って焼くとぱりっとして風味がよくなるなど、今の私ならではの発見や工夫も取り入れています。

鯛は姿も色も美しい魚。おめでたい席に欠かせないのも納得です。切り身を使う時、春の桜鯛の頃は赤色の濃い背側を選ぶと料理の色がきれいに仕上がります。


鯛の切り身は、サク取りしたものを二〇〇グラム使います。

魚醬大さじ一杯半、酒大さじ二、オリーブオイル大さじ一を合わせ、皮付きで一・五センチのそぎ切りにした鯛を一五〜三〇分浸けます。

焼網に鯛を並べ、強火で香ばしく焼きます。

米二カップは研いで一〇分浸水させ、一五分水きりします。

土鍋に米を入れ、上に焼いた鯛を並べます。だし二カップ弱、酒大さじ三、生姜のみじん切り大さじ二杯分、塩小さじ一杯半、魚醬大さじ半分を合わせて鍋に加えます。

蓋をして強火にかけ、噴いたら極小の弱火にして七～八分炊きます。鍋中の周りの水分が引いていれば炊けていますので、一〇分蒸らします。

木の芽をたっぷり散らし、切るように混ぜて、盛りつけます。

大学生の頃、初めて赤坂の「与太呂（よたろ）」で鯛のコースをいただき、鯛めしのおいしさに開眼しました。その後も何回か伺うようになり、鯛の昆布じめや唐揚げを堪能し、鯛一尾ののった鯛めしを、目の前で手早く骨を除いて捌く手つきに見惚れていたのを覚えています。鯛と生姜の相性のいいこと。鯛めしは鯛の脂が馴染んで、お土産のおむすびが翌日もとてもおいしかったこと。こういう経験が私の料理の元だと感謝しています。

その後も、料理人の方たちの様々なアイデア、技法は、私なりの解釈で自分の家庭料理に取り入れています。鯛めしも、脂の少ない鯛の切り身はごま油を加えたたれで漬け焼きにして、昆布だしのみで炊く方法も私は大好きです。醤油の風味に負けない木の芽をたっぷり用意します。

鯛の浜焼き

実家での鯛の思い出で、もうひとつ忘れられないのは浜焼きです。今のように何でも宅配便で届く時代ではなかったのに、当時から送っていただいたり、父が好きだったのか、お土産に持って帰ることもありました。こちらは結婚式の鯛と違い、冷めていても脂がのった鯛で、身が硬くありません。そのまま生姜醤油でいただいても本当においしいものでした。内臓を除いたところに詰めて一緒に蒸し焼きにした卵が、大きな鯛だと二つ入っていて、小さな鯛だとひとつ。ひとつだと、弟とどちらが卵を食べるか、じゃんけんで決めたりしたことも懐かしく思い出します。

浜焼きの由来は、塩田で熱い塩に鯛を埋めておいたら蒸し焼きにされたことだそうです。かつては塩田で働く人たちが、被っていた編笠で鯛を挟んで持ち帰ったとのことで、今も笠を使った包装にその姿をとどめているものもあります。目の前の浜に、季節に獲れる鯛があり、塩田があったからこそ生まれた郷土食。ずっと続いてほしいと思っているので、お客様の時など今も折に触れて取り寄せています。

おもてなしの席では、まず鯛の姿をそのままお見せすると、それだけで歓声が上がること間違いなし。その後、私はこんなふうにしていただきます。

ヒレと尾を鋏で切り、オーブンの天板に並べて霧をふきます。軽くオリーブオイルをかけ、薄く塩をして、二二〇度のオーブンに入れます。一〇分くらいで火を切り、余熱でカリカリにします。上身の真ん中で背側と腹側に分け、なるべく身を崩さないように皿に見栄えよく盛りつけ、生姜醤油で供します。下身は骨から外して昆布の上にのせ、少量の酒を振って蒸します。お客様の人数次第で、下身はとっておいて翌日に蒸すこともあります。蒸した身はポン酢でいただいたり、ほぐしてサラダに。骨と頭は煮出してお吸いものに、ヒレはカリカリに焼いて酒の肴にと、一尾まるごと味わい尽くします。

筍

私が初めて食べた筍料理は、おそらく鎌倉の祖父母の家で、裏山で採れた筍だったでしょう。都会に暮らす今から思えば贅沢な経験だったかもしれませんが、竹は私たちのごく身近にある植物です。地域によって、今も多様な品種の地元産の筍が食卓にのぼっていると思います。

筍は鮮度が命です。だからこそ地産地消がベストなのですが、技術や流通が進歩し、東京で筍が出回る時期も、以前に比べてとても早くなりました。九州産の走りを、早春に先駆けて見かけます。

筍といえば、糠を入れて下茹でることから料理が始まるという印象がありますが、私は近年、茹でずに焼き筍にしています。それにはまず、なるべく小さい筍を選ぶこと。外側の皮を一、二枚むき、薄い塩水に一晩浸します。穂先を切り落として側面に切り込みを入れ、濡らしたペーパータオルで包み、その上からアルミホイルで包みます。二二〇度に熱したオーブンで、焼く時間は三〇分くらい。その日は焼きたてをいただきます。お好みですが、私は定番の木の芽をオリーブオイルに混ぜて擂ったソース以外にも、酒盗をオイルに混ぜたソースなど個性の強い味を合わせることもあります。

この焼き筍を、翌日以降には素揚げにするのもおいしいですし、茹で筍と同じように若竹煮や筍ご飯にもします。茹でるよりも味が凝縮され、何より手間もかかりません。そして焼きものにも煮ものにもご飯にも、筍料理に木の芽は欠かせないもの。私も鉢植えの山椒を一本持っていて、芽吹いた艶のある若芽を摘んで、香りをたっぷりと添えます。

筍の中でも、京都産の筍は、白い肌の色も風味も全くの別ものです。春もやや深まった頃に時期を迎える、この京都産の白子筍は、朝掘りされて翌朝東京に届きます。これだけは昔の通りに、大きな筍が入る鍋で糠を入れて茹でて、アク抜きをしていただきます。

ほたるいかの酢味噌和え

小さな身体に、春がきゅっと詰まったようなほたるいか。三月、富山湾でのほたるいか漁の解禁はニュースでも流れ、今年も季節が巡ってきたことを教えてくれます。

産地から離れた地域で手に入りやすいのは、ボイルされたものでしょう。手軽に料理に使えますが、大切なのは、目と嘴(くちばし)を必ず丁寧に取り除くこと。舌に硬いものが当たったり残ったりしない、ただそれだけのことが大きな違いになります。それをしただけで、以前は敬遠していたお子さんがほたるいかを食べるようになったと、料理教室の生徒さんが喜んで報告してくれたことがあるほどです。ボイルされたものは生ほどではありませんが、もし手で目と嘴を取るのが大変と思うなら、ピンセットを使うと指先が汚れず便利です。

ほたるいかの定番料理といえば、酢味噌和え。ほたるいかや旬の貝などと酢味噌の組合せは、いかにも春という気分があります。酢味噌には白味噌を使います。白味噌は、京都だけでもそれぞれの店に個性がありますが、私はすっきりした甘さの「山利(やまり)」の白味噌が好み。酢もそういう時は京都の「千鳥酢」を合わせることが多く、煮切り酒で割ったり、薄口醤油を入れたりすることもあります。

辛子酢味噌にする時は、福井県の「麩市(ふいち)の地がらし」を長年愛用しています。日本古来の和がらしを使ったからし粉は、昨今なかなか手に入らないのですが、これは福井県産の在来種のからし種を使い、種子をまるごと荒挽きにしたもの。これを小さな擂鉢で練って、辛子酢味噌を作ります。新若布(わかめ)、塩をしてきゅっと絞った胡瓜、ほたるいかは、全体を衣で和えずにそれぞれ小高く盛って、酢味噌をかけて。お気に入りの器に盛り、木の芽をあしらい、すすめたい一品です。

そんなクラシカルできりっとした小鉢ものも似合うほたるいかですが、洋風にマリネにしたり、濃厚な旨みを生かしてアヒージョ風にしてもいいものです。プチトマトや、あればセミドライトマト、残り野菜なども刻んで入れてぐつぐつ煮えたところに、最後にさっとほたるいかを入れます。アヒージョ風には味噌もまた合うので、時には白ワインで味噌を溶いて、そこにオリーブオイルとにんにくを加えて火にかけることも。春の宵にワインがすすむ手軽なおつまみになります。

若ごぼうと豚肉の炒めもの

「あまから手帖」は、一九八四年に創刊された関西の食の雑誌。私が料理の仕事に関わり始めた頃から続いている、好きな雑誌です。その「あまから手帖」で、二〇一一年から二年間、「お菜便り松田流」という連載をしていました。「なにわ野菜」など、関西の地野菜を私流に料理して紹介するページです。それまで大阪の野菜といえば、泉州の水なすくらいしかよく知らなかった私ですが、これを機に、「なにわの伝統野菜」にも認証された毛馬（けま）胡瓜、難波（なんば）葱などを知ったのです。

大阪の伝統野菜に魅せられたきっかけはもうひとつ、日本料理店「本湖月（ほんこげつ）」に通うようになったこと。店主の穴見秀生（あなみひでお）さんは、自らが修業し、店を構える場所である大阪に誇りを持って、土地の野菜をご自身の料理に生かし、その魅力を伝えられています。「あまから手帖」の仕事、そして穴見さんの料理。それが関東育ちの私と大阪の地野菜の距離を縮めてくれました。

「八尾（やお）若ごぼう」を最初にいただいたのは、やはり「本湖月」でした。じつは私は、野菜の中でもごぼうと蓮根がとりわけ好き。仕事柄、未知の食材には絶えずアンテナを張り巡らせています。日本に古くからあり、誰もが知るごぼうなのに、まだ自分が知らないことがあり、それを知って誰かに伝えたくなることがある、それは驚きでもあり嬉しいことでもありました。

若ごぼうは、その名の通り春のまだ若いごぼうなのですが、普通の新ごぼうと違うのは、葉も茎も若く短い根も、すべて食べられる「葉ごぼう」であること。ごぼう独特のあの風味が、葉にも茎にもあるのがごぼう好きにはこたえられない魅力です。油揚げと炒め煮にしたり、かき揚げにしたり、豚肉と炒めものにしたり、なんとも春らしい、ほのかな苦みを楽しんでいます。

豚三枚肉薄切り二〇〇グラムは三センチ幅に切り、塩小さじ一をまぶし、三〇分おきます。

若ごぼうは、半束の茎（約二〇〇グラム）を三センチ長さに切りそろえ、葉は細かく切ります。根はひげ根をむしりながら洗い、三センチ長さに切りそろえます。

フライパンにごま油大さじ二、にんにくの薄切り小さじ一杯分を入れて中火で炒め、豚肉を炒め、若ごぼうを根、葉と茎の順に加えて炒めます。酒大さじ二、みりん大さじ一を加えて味をみて、魚醤大さじ一を加えます。

八尾若ごぼうの中心産地は、大阪八尾市。関東では手に入らないゆえに、季節になると取り寄せずにはいられません。関西でしか流通していないのは、生産者が限られているからではないでしょうか。生産地を拡大することは難しくても、これからもずっと作られ、伝え続けられてほしい野菜です。

桜海老と葱のかき揚げ

桜海老は日本ならではの小海老ではないかと思います。他国でも小海老は見ますが、日本の桜海老の風味にかなう小海老には出会ったことがありません。私はとにかく桜海老好き。桜海老は味が濃くてだしにもなるし、カリッとした食感もあるし、赤い色もきれいで、春を感じさせてくれる食材です。お好み焼きでもちょっと入ると格段に味が違います。料理の主役としても脇役としてもいい仕事をしてくれます。

昔は旬の時期以外は干したものしか手に入らなかったのが、冷凍技術のおかげで今は生を保存しておくことができるので、生を使っています。小分けにして冷凍庫に入れておけば、すぐ戻せて半解凍状態で調理できて、何もない時にすごく便利。

目玉焼きの上に散らして、ひっくり返してカリッと焦がすとか、オムレツに入れるとか、ソーメンチャンプルーに入れるとか……普通の海老より桜海老のほうが私は好きかもしれません。アヒージョ風にしてフランスパンを添えればおつまみになりますし、キャベツと桜海老のパスタも定番。そしてよく作るのがかき揚げです。

昔はいい天ぷら屋さんというのがわりあい限られていて、天ぷらを食べに行くということに、ちょっと特別感がありました。そのかわり、私が子どもの頃、母の精進揚げは定番の家庭料理。ちょっと衣が厚くてもったりしているのが家庭の天ぷらでした。今は腕の立つ天ぷら屋さんも増えたけれど、そういう店ではかき揚げがあっても桜海老などは使わずに、芝海老や小柱です。私はお蕎麦屋さんで、〝由比(ゆい)の桜海老かき揚げ〟という品書きを見つけると、絶対頼みます。今では練習の甲斐あって、そこそこの桜海老のかき揚げを家で自分で揚げて楽しめるようになりました。

上手に揚げるコツは、衣に卵を使わず、粉と水だけにすること。卵には食材をふっくらさせる力があるからです。片栗粉と薄力粉の割合は三対二くらい。私は食感がカリッとしているほうが好みなので、片栗粉が多めです。二つ目のコツは、揚げ油の温度をきちんと測ること。料理用温度計がネットでも手に入りますから、ぜひお使いになってください。

大きくて厚いかき揚げを作ります。この分量で直径一〇センチ、厚さ五センチくらいのかき揚げ二個分です。

生桜海老を一五〇グラム、冷凍の場合は自然解凍してペーパータオルに広げ、丁寧におさえて水気を取ります。長葱二分の一本は縦半分に切り、芯を除き、一センチ幅に切ります。

桜海老と葱をボウルに合わせ、ここに、合わせて冷蔵庫で冷やしておいた片栗粉大さじ三と薄力粉大さじ二を加え、海老と葱に均等に合わさるように混ぜます。

少し深めの鍋に、米油を一六〇度に熱します。

先程のボウルに、冷蔵庫で冷たくしておいた冷水半カップを少しずつ加えて種を作ります。どろっとよりも水っぽい、少しとろみを感じるくらいのゆるさです。揚げ鍋に、この種を約一カップ分、ゆっくりと入れます。入れると種がばらばらに散りますが、あわてなくて大丈夫。種には糊になる粉が入っていますから、箸でゆっくり鍋の中央に集めればくっつきます。

直径一〇センチを目安にまとめ、全体に八割くらい火が通ったら、種を大さじ一杯くらいずつ上に足して重ね、箸で整えます。これを二、三回繰り返します。ここまでだいたい六〜七分。そう、かなりゆっくり、じっくり時間をかけるのです。上面が固まったら、箸で上下を返し、さらに二〜三分、カリッとするまで揚げます。その間にボウルの種が海老の水分で水っぽくなったら、適宜粉を足して調整します。

よく油をきって、カリッと揚げたてのあつあつを、おいしい塩と柑橘の搾り汁でいただきます。おつまみにもなるし、あつあつのご飯におろしたわさびと塩でまぶしにするのもいいですし、天茶もいいものです。時間が経っても天つゆでさっと煮て卵でとじると丼にできますし、揚げておいて、オーブントースターで温め返すこともできます。

桜海老に合わせるのは、玉葱も甘くておいしいですし、家庭でのかき揚げには桜海老のほかに生しらすや浅蜊もおすすめです。

桜海老でよく作る、ご飯ものを二品、ご紹介しましょう。

私はじゃがいも、桜海老、バター、ナンプラーの組合せが大好き。これを炊き込みご飯にします。

じゃがいもは角切り、桜海老はお酒を含ませておき、米を水加減したらナンプラーを入れて、じゃがいもと桜海老をのせて炊きます。炊き上がったらバターを入れて混ぜます。芋は海老の旨みを吸ってくれるので、里芋でもおいしくできます。バターの香ばしい香りで、あつあつはもちろん、お弁当やおむすびにもおすすめ。ご飯に油が絡んでいるし、お芋の水分もあるのでご飯がぱさぱさになりにくく、冷めてもおいしいのです。

もう一品は、「卵かけご飯のピザ風」とでもいうのでしょうか。冷やご飯に、胡麻や大葉、チーズの切れ端や桜海老、生卵を入れて全部混ぜます。厚手のフライパンにオリーブオイルかごま油を引いて、その〝卵かけ冷やご飯〟を、スパチュラでつぶすようにして伸ばし広げます。焼けたらパルメザンチーズを振って返し、裏側を焼きます。カリッとして桜海老とチーズのコクがあって、なんともおいしい！

これが私の、本当は人に言えない「おしのぎごはん」。白いご飯だけはあるけれどおかずはない、何かおつまみを作って飲んでしまったらもう仕事ができなくなる、でもお腹が空いて、何か食べないと。そんな時はフライパンひとつとお皿一枚だけ、大葉も切らないでちぎる！　私にもそんな日がたまに……いえ、結構あるのです。

あらめの煮もの

島根県海士町(あまちょう)は、島根半島から約六〇キロ離れた日本海上の隠岐諸島にあります。島まるごとがひとつの町という小さな島のキャッチフレーズは、「ないものはない」。そこには「無いものは無くていいじゃないか、大事なものやことはすべてここにある」という意味が込められているそうです。コンビニもない、信号機もひとつしかない島を初めて訪ねたのは、二〇一一年のこと。海士町が「ないものはない」宣言をした年であり、私の知人が東日本大震災後に短期移住した年でもありました。

特産の海産物を、もっと多くの人においしく食べてもらいたい。そのために協力してもらえませんか――。地域の広報活動に関わるようになった知人が、そう言って送ってくれた岩牡蠣や白いか。これが獲れる海と島を見に行ってみよう、そう決めてはるばる出掛けて行き、気づいたら何度もこの島を訪れることになっていたのです。

島で最初に宿泊した民宿の食事がとてもおいしくて、朝ごはんの一品が「あらめの煮もの」でした。ひじきのように油揚げや人参の入った煮ものですが、存在感のあるあらめは東京では見慣れない海藻。乾物を買って帰り、それからは東京のアンテナショップでも購入するほど気に入っています。

若布やひじきなどの海藻同様、あらめも新ものが出回るのは春で、早春に新芽を刈り、干して乾物にするのだそうです。見た目はひじきと全く違いますが、慣れ親しんできたひじきと同じように使えるのが面白いところ。幅広の形や表面に凹凸のある表情を生かして大ぶりに切り、油揚げはあえて短冊ではなくフードプロセッサーで細かく刻んで合わせれば、いつものひじきの煮ものとはがらりと違った顔つきになります。人参は細い千切りにして、歯応えが残るように後から炒め合わせ、さらに最後に茹でた絹さやの千切りを加えて彩りも美しく。組み合わせる食材や味つけは同じでも、あらめの個性に合わせてどんなふうに仕上げようか、ひらめきを生かしながら組み立てていくのが楽しいのです。

あらめは、洋風に使うこともあります。そんな時はローズマリーや、シブレットを入れてオリーブオイルでさっと炒めます。たとえばローストポークのつけあわせにしても、色や形に強さがあるあらめは好相性。あらめは火の通りが早く、戻してしまえば調理は簡単です。乾物料理は時間がかかると敬遠されがちですが、使い慣れれば、何かもう一品という時に心強い存在です。日本各地で受け継がれてきた天日乾燥、保存の知恵を、上手に使い続けていきたいと思います。

うすい豆ご飯

春から初夏の味覚で、必ず食膳にのせたいもののひとつが豆ご飯です。関西には「うすい豆」という粒の大きい、おいしい実えんどうがあることは、以前から耳にしていました。実際にその畑を見たのは、梅の取材で訪ねた和歌山県のみなべ町でのこと。ある梅農家の向かいが、偶然うすい豆の生産者の畑だったのです。

いち早く畑に気づいたのは、同行していたフレンチのシェフでした。急遽お願いして畑を見せていただき、その場でもぎたての莢（さや）から豆を出して口に入れると、ぱっと広がる甘みと香り。「このままさっと炒めてもいいね」と会話が盛り上がりました。土や作物の匂いに包まれながら、食材をそれぞれの立場で知る生産者や料理人と語らった楽しさは忘れられません。和歌山を訪ねてこその出会いであり、感度のいいアンテナを持つ料理人との旅だからこそ得られた恵みでもありました。

一度その味を知ってしまったら、後には戻れない、というものが、どなたにもあるのではないでしょうか。私にとってうすい豆はそのひとつ。それ以来、季節に一度はうすい豆で豆ご飯にしたいと思うようになりました。普通のグリーンピースは米と豆を一緒に炊きますが、うすい豆の時は、後から茹でた豆を合わせます。大粒の形ときれいな色を損なわず、風味をより引き出して、一段上の豆ご飯にするための工夫です。

うすい豆は、まずふっくらときれいな色に茹でます。莢から出した豆を水から茹でて、沸騰してしばらく茹でたら火を止め、紙蓋をしてそのままおく、これが皺が寄らず、きれいな翡翠色に茹で上げる秘訣です。莢は捨てずに塩少々を加えて茹で、その茹で汁を漉して、それでご飯を炊きます。味つけは昆布とほんの少しの塩だけ。これでしっかりとうすい豆の香りがするご飯が炊き上がり、そこに茹でておいた豆を入れて混ぜます。

茹でた豆を茹で汁ごと保存しておくと、様々な料理に展開できます。茹で汁ごと薄味をつけて葛引きにしたり、牛肉や豚肉の細切りと炒めたり、最後に残り少なくなったら、朝ごはんに目玉焼きの白身に散らしたり。春の息吹を感じ、夏を迎える力をもらう、この時期だけの味覚を満喫します。

夏

冷や汁

最初に冷や汁と出会ったのは、若い頃に連れて行っていただいた、東京赤坂にある宮崎料理の店でした。夏の料理と聞きましたが、汁だけで見ると、なんだかどろっとしていて、正直なところ、涼しげでもなく美しくもないなぁ、というのが第一印象。でもそこにみずみずしい胡瓜、薬味の大葉や茗荷をのせると途端に爽やか、さらさらっといただけて、印象が一変しました。私がそれまで知っていた汁かけめしは、温かい汁。冷たい汁をかけるという発想に驚きました。焼いた魚の香ばしさや、薬味の風味が記憶に残る味で、それ以来、自分なりに調べたり工夫したり、毎年、夏になると必ず作っています。

この料理の肝心なところは、擂った味噌をこんがり焼きつけること。味噌をすりつけた擂鉢を炭火の上に伏せるという本来の方法にならい、コンロに擂鉢を伏せていたのですが、どうにもうまくいかず、うっかり火傷しそうです。バーナーという便利な器具が登場したことで、上手に楽に作れるようになり、とても感謝しています。

擂鉢は、子どもの頃、お母様の手伝いをして押さえたことがあるという方も多いでしょう。あの逆ハの字形に開いた普通の擂鉢は、すりこぎが全体に回るように一人で擂るのはなかなか難しいもの。精進料理で有名なお寺の庵主さんのように、胡坐で擂鉢を抱えて擂るわけにもいかないではありませんか。そこで私が考えたオリジナルの調理道具、「自在道具」の擂鉢は、筒状にしました。これなら下に滑り止めのシリコンマットを敷けば一人でも擂りやすく、冷蔵庫に入れても場所をとりません。そのまま卓上にも出せる器として作家さんに作ってもらっています。

バーナーはありがたく使うけれど、擂鉢で擂るかわりにフードプロセッサーを使うことはしない、それには私なりの理由があります。一時期、白和えを作る時にプロセッサーを使ったこともあるのですが、その後、擂鉢とすりこぎという天然素材でできた道具で、人の手で擂った時との仕上がりの違いがよく分かり、原点回帰しました。少し話は逸れますが、ジェノベーゼソースも、擂鉢で当たると熱が回らず、色が飛ばずにきれいな緑色になります。味の違いを知ること、違いを理解するために試してみることは、おいしさを追求するために大切なことだと思っています。

冷や汁は工程の多い料理ですが、前の日に焼いた魚があれば、ほぐして当日に焦がした味噌と擂り合わせればよく、一から作るより手間ではありません。私は、仕事でアシスタントさんが何人か来る日の前日に魚を塩焼きにして、翌日のお昼のまかないは冷や汁、ということもよくあります。

私の冷や汁は、結構魚が多めで、濃いめ。自分の好きに作れるのが、家庭料理のよさでしょう。大きめのかますを二尾、これで四人分の冷や汁にします。うろこを取って腹わたを出したかますに、小さじ一の塩をして、塩焼きにします。骨とヒレ、皮を取り除いたかますの身（約一二〇グラム）をほぐします。

擂鉢の内側の溝に味噌約四分の一カップをすりつけ、バーナーでむらなく香ばしく焼きます。そこに生姜のみじん切りを大さじ一杯半分加え、軽く擂ります。煎った白胡麻三分の一カップを加えて丁寧に擂り、かますの身を加えて擂ります。煮切り酒四分の一カップを加えて具材と馴染ませるように擂り混ぜ、だし三カップを少しずつ加え混ぜます。好みの濃度と味になるようだしの分量は調整してください。ここに氷を入れて冷たくするので、濃いめに仕立てておきます。味をみて、味噌が足りないと思ったら、一度バーナーで炙った味噌を加えるといいでしょう。

胡瓜一本は縦半分に切って種を除き、薄切りにします。六パーセントの塩水に三〇分さらしてから絞ります。

薬味の茗荷、大葉、葱、それぞれ適量を準備します。白髪葱だけでなく、茗荷と大葉も細切りにしたら一度水にさらして絞り、ペーパータオルなどで水気をよくおさえます。大葉はその後、手でちぎると香りが立ちます。
麦飯に冷や汁をかけ、胡瓜、薬味をのせていただきます。

ご飯は硬めに炊いた白米でも、雑穀を入れても、その時の気分やお好みで。私は大麦だけの麦飯でいただくことが多いです。宮崎は甘くて白い麦味噌ですが、私は子どもの頃から馴染みのある、茶色い辛い味噌でいつも作ります。その辺りは自分好みにしていますが、擂った味噌は絶対に焦がしたい。擂鉢に薄くすりつけてひっくり返して炭火で焦がすなんて、最初に誰が思いついたのかしら……とルーツに興味がそそられるところも、郷土料理の魅力、面白さでしょう。

魚は普通、鯵を使うことが多いようですが、いいかますが手に入れば、それで作るのが私は好きです。夏に丸々太って脂がのったかます、父が好きな魚でした。鯵は皮が硬いので取りますが、かますなら香ばしく焼いて皮ごとでも。生姜は汁の中に入っていますが、薬味にさらに生姜を入れるのも好きです。夏に辛みを少し添えると食がすすむので、柚子胡椒を入れたり、一味唐辛子をかけたりすることも。その日のほかの料理にも合わせて、自分なりの冷や汁を楽しんでいます。

地元の魚を上手に使い、焼いた味噌と薬味の香りに食欲をそそられる、冷たい汁かけめし。南国宮崎で、暑い夏を乗りきるために考えられ、各家庭で作り続けられてきた料理だと思います。郷土料理は、それぞれの風土に合う、理にかなった料理だからこそ、季節ごとに作られ、受け継がれてきたもの。季節を楽しく快適に過ごす手だてがそこにある。そういう料理をもっと知りたいし、先人たちの知恵を、自分の料理にもっと取り入れたいと思い続けています。

加賀太きゅうりと鶏肉の炒めもの

「加賀太（かがふと）きゅうり」はその名の通り、直径が六〜七センチにもなる太いきゅうりで、「加賀野菜」のひとつに数えられています。金沢を訪れた時に、冬瓜のように煮ものにしたり、あんかけにしたり、加熱する料理でいただきました。

あるお料理屋さんでいただいたのは、加賀太きゅうりに詰めものをした一品でした。ズッキーニとは違い、きゅうりの食感も残りつつ、種を抜いて詰められた鶏ひき肉がベースの具材の風味がきゅうりに染み出て、品のいい銀餡（ぎんあん）との組合せに「さすがプロの仕事」と感激しました。詰めものをした加賀太きゅうりは一度蒸すと聞きました。そこで思いついたのが、以前香港でいただいた、胡瓜と鶏肉との炒めものを、加賀太きゅうりで作ってみたらどうかしら、ということ。その時の香港の胡瓜は、日本の普通の胡瓜とは違いがあるように思え、帰国して試しても水分が出てうまくいかなかったのです。あの身が厚く詰まった加賀太きゅうりなら、と作った鶏もも肉との山椒炒めは、私的には大成功！　鶏肉に合わせた片栗粉がいい仕事をしてくれて、とぅるっとした食感の鶏肉ととぅるしゃきのきゅうりの炒めものになりました。

加賀太きゅうり一本は皮を三か所縦にむき、縦半分に切って種を除きます。一口大の乱切りにして片栗粉を軽く茶漉しでまぶします。

鶏もも肉一枚は皮と余分な脂を除いて一口大のそぎ切りにします。酒大さじ二、ナンプラー大さじ一、胡椒少々を合わせて一五分おき、水気をおさえて茶漉しで片栗粉をまぶします。

中華鍋にごま油大さじ一杯半、にんにくの薄切り大さじ一杯分を入れて中火で軽く炒め、鶏肉を加えて炒めます。半分ほど火が通ったら酒大さじ二を加えてさっと炒め、きゅうりを入れ、鶏肉に火が通るまで炒めます。味をみて、塩、ナンプラー各少々で味を調えます。器に盛り、粉山椒小さじ一〜二を振ります。

仕事を通じて日本各地を訪れる機会が増えるにつれ、それまで知らなかった食材に出会い、知識が増え、興味が自分の料理の幅を広げてくれたように思います。大阪には毛馬胡瓜、金沢には加賀太きゅうり。誰もが知る夏野菜の胡瓜にも、土地固有の品種があるのは豊かですごいこと、と驚かされます。

賀茂なすの揚げ煮

あの丸い大きな形、艶々した紫色、「賀茂なす」は京野菜の代表格です。京料理の伝統があり、すぐれた野菜が育まれてきた京都では、他地域に先駆けて伝統野菜の認証や周知につとめてきました。それゆえ、賀茂なすは全国区の知名度を誇り、京都以外の料理店でも夏にいただく機会が多い野菜です。

普通の茄子も油と好相性ですが、身のしまった賀茂なすは煮崩れしにくく、揚げ煮や田楽など、とりわけ油を使った料理に向いています。賀茂なすを揚げて、昔から茄子の煮ものに定番の干し海老を加えた、旨みたっぷりのだしを含ませた揚げ煮にします。

賀茂なす二個は天地を薄く落として横半分に切り、薄い塩水に三〇分浸けます。米油を一七〇度に熱し、よく水気をおさえた賀茂なすを二～三分揚げます。揚げた賀茂なすを鍋に並べ、だし二カップ、酒大さじ三、干し海老大さじ二を加えて中火で煮立てます。三温糖大さじ一杯半を加え、削り鰹一カップを厚手のペーパータオルに包んで賀茂なすの上にのせ、蓋をして弱火で五分煮ます。削り鰹を除き、薄口醤油、濃口醤油を大さじ一ずつ加えて火を止めます。

器に盛って、あさつきを散らします。

揚げ煮は、揚げる、煮る、という二段階のプロセスがありますから、どうしても手間がとれない時は、手作りの麵つゆなど、常備しているものがあれば、それをお使いになって煮るのもいいでしょう。市販の麵つゆやだしパックも、選べば無添加のものがあります。私はいつもだしは多めにとって保存し、一番だしはお吸いものなどに、二番だしは煮もの用に使っています。いつ何時でもだしが使えるのは便利で安心。ですから、無添加のだしパックも、吟味した定番を常備しています。

油を吸ったなすに、干し海老のコクと追い鰹でさらに旨みを増した煮汁は格別のおいしさ！　ぜひ一度、このレシピをお試しになって、それからご自分の味をその時々で工夫してみてください。

ゴーヤチャンプルー

沖縄料理、チャンプルーの話は、ラー油との偶然の出会いから始まります。ある時、美容院で何気なく開いた雑誌に、石垣島のラー油が紹介されていました。ラー油はなかなかおいしいものがないけれど、自分で作ろうとまでは思わなかった調味料。それが沖縄の石垣島で——？　なにかピンときて、美容院からすぐ、掲載されていた電話番号に電話しました。せっかく送ってもらうならと、「ラー油のほかに何を作っているんですか？」と聞いたら、「ラー油だけです」。「ではそれを送ってください」。それが石垣島でラー油を製造販売している辺銀（ぺんぎん）さん夫妻とのご縁の始まりでした。

今はすっかり有名になった「辺銀食堂」と「石垣島ラー油」。送っていただいたラー油がおいしかったので、どんな場所で作られているのか見たくなり、ゴールデンウィークに渋る夫を「ゴルフができるから」と説得して石垣島へ出掛けました。じつはまだパスポートが必要な頃、返還前の沖縄に、祖父が連れて行ってくれた写真が残っているのですが、私の記憶にはありません。それからなかなか訪れる機会がなく、これが記憶に残る沖縄初訪問。現地の気候風土の中で食べてこその、沖縄料理に触れる旅になりました。

石垣島ラー油を特徴づけている島唐辛子や、ピパーチと呼ばれる島胡椒とはどんなものか。ラー油に入っているウコンにも、春ウコンと秋ウコンの違いがあること。それらはやはり、現地に足を運んで知ったことです。石垣島で初めて見た白いゴーヤ。オレンジ色のゴーヤは、緑のゴーヤが種まで熟したものだということ。少し白米に混ぜるだけで、きれいな紫色に炊ける黒米——沖縄独特の食材も興味深いものでした。

沖縄の家庭料理といえばチャンプルーです。男性も女性も、力仕事や手仕事にいそしんできた沖縄。チャンプルーは短時間で作れて栄養価も高く、力がつくにんにくも使われていて、素晴らしい郷土料理ではないでしょうか。

そしてチャンプルーといえば、ゴーヤチャンプルー。ただゴーヤの苦みは、あの風土の中でこそのもの。長年食べ慣れた沖縄の方には、あの苦みがこたえられない郷土の味なのでしょう。関東育ちでゴーヤに馴染みがなかった私は、ひと手間かけて、苦味を程よく抑えています。使うのは砂糖。苦いのはワタの部分ですが、酢のものなどにする場合、ワタを全部取ってしまうとおいしくないので、加減して残しつつ、薄切りにしたゴーヤをまず砂糖水に浸け、それから塩でもみます。チャンプルーにする場合は、塩もみの時より厚めに切ったゴーヤに砂糖をまぶしてしばらくおき、それから炒めます。

沖縄育ちの方には物足りないかもしれませんが、ゴーヤは苦くて、と敬遠しがちな方にも私のゴーヤ料理は好評です。少し苦みを抜く工夫をしても、夏に身体を冷やしてくれるゴーヤの効果は失われていないでしょう。気に入った郷土料理は、自分がおいしく食べやすいように工夫して自分の料理として作り続ける、それが私の流儀だと思っています。

豚三枚肉の薄切り二〇〇グラムは、小さじ一の塩をして、最低一五分おきます。できれば一、二時間から一晩おくといいでしょう。私はこれを塩豚として冷凍庫に常備しています。

木綿豆腐一丁は水きりしておきます。

ゴーヤ一本は縦半分に切り、種とワタを除き、七ミリ厚さの半月切りにします。ワタが苦みのある部分なので、加減して取り除きます。ゴーヤの重さの一〇パーセントの砂糖を合わせ、一五分おきます。砂糖は、私は三温糖を使っています。

中華鍋にごま油大さじ二、にんにくの薄切り大さじ一杯分を入れて火にかけ、炒めます。にんにくの香りが立ったら、三センチ幅に切った豚肉を加えて炒め、ゴーヤを絞って加え、炒めます。しっかり水きりした豆腐を一口大にちぎりながら加えてさらに炒め、味をみて塩、胡椒で調えます。卵二個をカラザを取り除いて溶き、回しかけて半熟で火を切ります。

フーチャンプルーとソーメンチャンプルー

麩は内地でも土地によって違いがありますが、沖縄のフーチャンプルーに使う車麩は、グルテンがしっかりしている印象でした。子どもの頃は「なんですき焼きに麩なんて入ってるんだろう?」と思うくらい、麩はいいイメージがなかった食材なのですが、初めて訪れた石垣島で食べたフーチャンプルーは、すごくおいしく感じありますことも。

ました。それ以来、東京で普通に手に入る車麩で、フーチャンプルーを作ることも

あります。

石垣島訪問の後、辺銀夫妻に、私の料理教室で餃子を教えていただくお願いをしました。昼間は教室、夜は「ペンギンナイト」と称して餃子パーティー。狭い場所に大勢の方が来てくださり、茹で係の私は汗だくになって餃子をどれだけ茹で続けたことか……。その時、辺銀さんが締めに振る舞ってくれたのが、ソーメンチャンプルーでした。

ソーメンチャンプルーは、夏のお昼にスタッフといただいた素麺が残っている時など、夜や次の日によく作る一品です。じつはソーメンチャンプルーが食べたくて、素麺を多めに茹でておくくらい、好きなのです。上質なごま油とにんにく、ナンプラー、それにシブレットなどがあれば上等。素麺は気に入って常備している、小豆島の素麺や徳島の半田麺です。小さい土鍋で作ると素麺がいい具合に焦げて、私はそこがおいしい！　と思うので、あえておこげを作ります。上手におこげができたソーメンチャンプルーは、ちょっとしたおもてなしの一品にすることもあるほど。そういう時はシブレットをこれでもかというほど細かく刻んで散らします。

なまり節

なまり節って、家庭で作れるの？　そう思われるかもしれません。私もそう思っていました。作り始めたきっかけは、大先輩の料理家、辰巳芳子さん。一九九〇年代後半に新聞で連載されていたエッセイとレセピは、連載中から切り抜いていましたし、後に一冊にまとめられた本も購入しました。そこで紹介されていたのが、なまり節です。竹の蒸籠に緑の笹の葉を敷き詰め、その上に並んだ皮のピカピカ光った鰹。目にも美しく、すぐ試してみたら、それはそれはおいしくて、以来欠かせない定番になりました。

蒸したてはふわっふわで生姜の風味がきいていて、まずはそのまま、お醤油を少しつけただけで。ほぐしてご飯にのせてもおいしいので、味見くらいのつもりが思わずたくさん食べちゃった、なんてこともあるほどです。

作り方は至極簡単。鰹は半身の腹側を使います。サク取りした頭の下の部分の硬い皮をそぎ取り、四〜五センチ幅に切り、塩をして、酒大さじ三を回しかけておきます。生姜は薄切りを大さじ二杯分。抗菌作用のある笹の葉を蒸籠に敷き、その上に生姜の半量を散らし、鰹を皮を上にして並べます。残りの生姜をその上に散らし、湯気の上がった鍋に蒸籠をのせ、蓋をして強火で八〜一〇分。火を止めて、室温になるまでそのまま冷まします。

作りたては、スライスして、おろし生姜と醤油でシンプルに。好みのドレッシングやマヨネーズでサラダに。バター醤油で焼くのも美味です。もちろん昔ながらの胡瓜との組合せも、自家製のなまり節ならではの極上の酢のものになります。

さらには甘辛い炒め煮にすれば、日持ちするおかずに。ほぐしたなまり節を、五ミリ角に刻んだ人参、ピーマン、みじん切りにした葱、生姜と炒め煮にします。炊きたてのご飯にもお弁当のおかずにもよく、夏なら素麺つゆに入れればタンパク質が摂れて、素麺だけのお昼ごはんより栄養になるでしょう。子どものお弁当には見た目が地味すぎると思ったら、卵焼きに入れるのはいかがでしょう。「今日の卵焼きに入ってたの、あれ、なあに?」「鰹よ」「えっ、鰹? おいしかった!」なんて、魚が苦手な子どもも好きになるかもしれません。この炒め煮にひじきを入れてさっと煮直したり、味噌を入れて煎ったりと、展開法は無限。暑い時期には梅干しを入れてさっぱりと、香りのいい大葉や茗荷を入れてぴりっと辛めに、など味つけもその時々で自在に変えます。

なまり節を作る時、半量はオリーブオイルに漬けて、保存性を高めるとともに、さらに多彩に展開できるようにしたのが私流の工夫です。あらかじめ少し小ぶりに切って蒸したなまり節を、保存容器に入れ、エクストラバージンオリーブオイルを注ぎ、密閉します。その時、にんにく、鷹の爪、ハーブなどを一緒に入れると、その風味がついたオイル漬けになります。このオイル漬けに、白ワインビネガーやバルサミコ酢、漬けておいたオイルを合わせれば、白ワインやシャンパンに合う前菜に。ほぐしてトマトとパスタに、サンドイッチの具になど、ツナ缶の要領でいろいろな使い方ができます。

思い出してみれば、なまり節の甘辛いそぼろや胡瓜との三杯酢は、子どもの頃から親しんだ家庭料理でした。母が魚屋さんでなまり節を買って、作ってくれたのでしょう。今、なまり節はスーパーでも売られていますが、若い方にはあまり馴染みのない食材かもしれません。足の早い鰹を、産地で豊漁の時期に、無駄なく食するための知恵がなまり節。自分で作るようになって、なまり節本来の味わいはこうだったのだろうなと実感できて、私の中でなまり節の地位が格上げされた感がありま す。鰹は旬の時期は結構お安く手に入りますし、簡単で応用範囲が広いですから、ぜひ自家製なまり節を、ご自分の家庭料理に合わせて展開なさってください。

私は魚屋さんで「今日のは脂がのってるよ」と言われた時などに作ることが多いですが、初夏よりも脂がのった秋の戻り鰹で作ることもあります。半身を買い、腹側をなまり節にします。

せっかくですから、背側で作る料理もご紹介しましょう。鰹は二センチ幅くらいに切り、オリーブオイル、白ワイン、すりおろしたにんにく、塩を混ぜたマリネ液に漬けます。時間は三〇分くらい。これをシンプルにソテーしたり、パン粉をつけてカツにします。カツにはフレンチマスタードやレモンを添えて。トマトソースもよく合います。

枝豆

枝豆は枝付きに限ります。買ってきたらすぐ、枝から外しながら莢の端をキッチン鋏で切り、洗ってまずは砂糖をまぶしてもみます。それから水一・五リットルに対して大さじ四分の一の砂糖水に浸けます。

これは、土地の食材を求めてキッチンカーで旅するテレビ番組で、新潟県三条市を訪ねた時に、現地で教わった方法です。以前は、茹でる前に塩でもみ、塩水に浸けていましたが、最初に糖分を豆に入れることで、収穫してから時間が経つとどんどん失われてしまう豆の甘みが復活するのです。鮮度が今ひとつという枝豆も、これでおいしくいただくことができます。

砂糖水に浸けて三〇分ほどおいたらザルに上げ、塩でもんでから、蒸し煮にします。広口の鍋に深さ二センチくらいまで水を入れて沸かし、塩を加え、豆を入れて蓋をし、蒸し煮にします。

完全にやわらかくなる前に火を切り、そのまま蒸らします。豆戻りといって、冷めると一割ほど硬さが戻りますから、それを頭において、好みの硬さになるように火を止めるといいでしょう。

枝豆といえば、昔は鍋にたっぷり湯を沸かして塩茹でにするものだと思っていましたが、最近は蒸し煮です。そのほうが味が凝縮しておいしいですし、豆の風味がしっかりすることで塩分も控えられます。そんなふうに時代とともに調理法が改良されることもありますが、変えてはならないこともあります。それは、枝豆の莢の端は必ず切ること。そこから豆に塩味が入りやすくなり、甘みが増すのですから。

枝豆の豆ご飯、中華風の卵白炒めなども季節に一度は作りたい味です。茹でた枝豆が余ったら、莢ごと醬油に漬けておくと、塩茹でとは一味違ったおつまみに。薄皮もむいて酢醬油に漬ければ、次の日はそれをのせただけで白いご飯がすすみます。

枝豆は夏にビールと、というイメージがありますが、本来の旬は九月。季節が深まるにつれて、新潟や東北の茶豆、丹波の黒豆などが次々に旬を迎えていきます。丹波の黒枝豆が我が家に届くのは、十月に入ってからです。

だし

何年くらい前からでしょうか、山形の「だし」という漬物がパック入りで東京のスーパーでも目につくようになったのは。見慣れない食品や調味料は、興味を持つと買ってみることもよくあります。売られている「だし」は、細かく刻んだ野菜のほかに粘り気の元となる昆布が入っていて、納豆昆布、がごめ昆布といった昆布を使うのだそうです。

私の作る「だし」は、粘りの元は昆布ではなくオクラです。傷みの早い茄子や胡瓜を使いきりたくて、冷蔵庫にその時に余っている薬味野菜を入れて作る、いわば野菜レスキューのための料理でもあります。一パック買うと意外と余りがちな青唐辛子や、初秋には穂紫蘇を入れたりすることも。それぞれ大きさをそろえて細かく刻むだけですが、生姜だけは口に当たらないように、ごくごく細かく刻みます。

胡瓜一本は縦半分に切り、種を除いて五ミリ角に切り、塩小さじ三分の一を合わせて一五分おきます。

茄子二本を五ミリ角に切り、塩小さじ三分の一を合わせて一五分おきます。

オクラ五本は塩をして板ずりし、五ミリ角に切ります。しし唐辛子一〇本は縦半分に切り種を除き、五ミリ角に切ります。茗荷二個、大葉一束はそれぞれ五ミリ角に切ります。生姜はみじん切りにして大さじ一杯分用意します。

胡瓜と茄子の水気を絞り、すべての野菜と煮切り酒大さじ二、醬油大さじ三、米酢大さじ二を合わせて密閉容器に入れ、冷蔵庫に一晩おきます。日が経つと発酵がすすみ、酸味も加わります。私は二〜三日で食べきるようにしています。

さっぱりしただしは、夏に炊きたてのご飯にのせると食がすすみますし、素麵、うどん、蕎麦などのぶっかけ麵にも最適。ごま油との相性もよく、ぶっかけ麵には最後に卵黄とごま油をたらっと。白胡麻もたっぷり振ります。冷奴や焼いた厚揚げにのせるのもおいしいものです。

自分で手作りするよさのひとつは、塩分を控えるなどの工夫ができることではないでしょうか。水分の多い胡瓜と茄子は、必ず塩で軽くもんで水分を抜いて絞ること。そうすることで、薄味でも味がしっかり入ります。醬油や酢は少なめでも、煮切り酒を少量入れることで味にコクが出せます。オクラはやはり板ずりしたほうが口当たりがよくなるだけでなく、ケバが取れて粘りも出やすくなります。野菜はその時々にあるもので構いませんが、切り方や下ごしらえの仕方には、料理をおいしくするための理由が必ずあるもの。本当は、大葉は切るよりちぎったほうが味も香りも立ちますから、おもてなしでなければ普段はぜひそうなさってください。

梅仕事

「梅仕事」という言葉があるほど、梅を使った保存食作りは季節の仕事の代表格です。自分で梅仕事をするようになって、もう四〇年くらいになるでしょうか。梅干し、煮梅（青梅の蜜煮）、ジャムなど、最初はひと通りいろいろ作ってみました。

あれこれ試した結果、毎年ずっと作り続けるようになったのが、梅ジュース、梅醬油、そして時々梅酒です。

ここ最近は、和歌山県の龍神から無農薬栽培の梅を取り寄せています。無農薬の梅は、見た目は不ぞろいでも、味も香りも強いのです。そして梅仕事をする時は、最初に必ず十個くらい（約二〇〇グラム）の青梅を冷凍するようにしています。

梅ジュース

梅ジュースは梅を砂糖で漬けるだけ、手軽に始められる梅仕事です。おいしい氷砂糖を吟味して、配合もこれ、という割合に落ち着いて、作り続けています。

青梅はやさしく洗い、ヘタを竹串で取り、水気をおさえます。

保存瓶に氷砂糖八〇〇グラムと梅一キロを交互に入れ、最後は氷砂糖で終わるようにします。その上に、先に下準備をして冷凍しておいた梅の半量をのせ、二〜三か月後に残りも加えます。いちばん上に冷凍の梅をのせるのが、早く水分を出すコツです。

約一年、涼しくて少し暗い場所に置きます。ジュースが透き通ってくれば飲み頃ですが、さらにおくと、よりまろやかになります。

好みでソーダや冷水で割ったりして、梅も一緒にいただきます。一年漬けたジュースの梅は、以前、台湾で出会った「茶梅」を自分流にアレンジして、烏龍茶の茶葉で煮て、お茶請けにしたりもします。

梅醤油

青梅を醤油に漬ける梅醤油は、梅の香りがほんのり醤油に移って、とても品のいい味。お刺身にも冷しゃぶにも合い、ドレッシングのベースにもなる、欠かせない自家製調味料です。

醤油二カップ半に青梅三個を加え、重しとして清潔なペーパータオルを上にのせ、冷蔵庫に入れます。梅が醤油を吸って沈んだら、ペーパータオルを除きます。漬けて一か月後くらいから使えます。

酸味が薄れてきたら、古い梅を出して、冷凍しておいた梅と入れ替えます。漬けて一年経った梅は、エキスが醤油に取られてしわしわになっているのですが、この醤油が染みた梅がまたおいしいのです。私は果肉を刻んでおむすびに入れたり、炒めものの調味料にしたり、白身魚や、豚ヒレ肉と長芋を蒸す時に、上にのせたりして使います。梅仕事の季節は、ちょうど身体が酸味を欲する時期。蒸し料理は手もかからず、暑さに向かう時期にぴったりの料理です。

梅酒

梅酒は時期になると、ホワイトリカーがどこでも売られていますが、せっかくの無農薬のいい梅を取り寄せているので、ある年、家にあったブランデーで漬けてみました。ブランデーも度数の高い蒸留酒ですから、砂糖は控えめでも黴などの心配がありません。ゼリーやソルベに、それを洋梨などと組み合わせてデザートに、とろっとした古酒はそのままアイスクリームにかけても。ビーフシチューのコク出しなど料理にも使えます。どこかに眠っているブランデーがあったらぜひ、上等な梅で試してみてください。ブランデーで漬けた梅酒だからこその使い道が広がります。

一度、純米酒に漬けてみたこともありました。これは飲むというより、私はもっぱら料理用に使い、青魚の下味に使ったり、煮切って、煎り酒もどきで白身のお刺身をいただいたり。おいしく楽しみました。

梅干し、梅の塩漬け

梅干しは何回か挑戦したものの、土用干しなどのタイミングと仕事との兼ね合いが難しいのもあり、龍神の無農薬で塩分控えめの梅干しを知ってからは、もっぱら取り寄せです。しかも料理用にはちょっと難ありを買わせていただくので、惜しみなく料理に使えます。

自分で時々漬けるのは、福井県の「黄金梅」の完熟を分けていただき、伊勢の岩戸の塩で漬ける塩漬けの梅。一か月くらい塩で漬けて、ちょっと日に干します。漬け汁も使え、塩分濃度も八パーセントと「松田の低塩梅漬け」です。酸味が立った果肉のやわらかい梅漬けは納豆との相性がよく、鰯や豚肉を蒸す時にも使います。

季節仕事もマイブームがあり、新しいものに挑戦してみたり、来年辺りはまた作ろうかな、と昔のものを思い出してみたり、それも楽しみのひとつです。

季節の仕事のよさは、それをひとつ作っておくことで、安心感も生まれ、豊かな気持ちになれることでしょうか。あれをこうしてみようかしら、と次々アイデアが浮かんで、せっかく作ったものは愛おしんでおいしく食べきる工夫もしたくなりますし、お茶請けやデザートにするとお客様との会話も膨らみます。ことに梅は、日本人にとって身近で、昔から上手に使ってきたもの。あの香り、甘酸っぱい味、青梅や色づいた梅それぞれの美しい色……いいものだなぁと、季節が巡りくるたびに思います。

赤紫蘇ジュース

赤紫蘇のジュースに開眼したのは、十一年前、雑誌「ミセス」で京都大原を訪ねた時のことです。取材先の柴漬け店で、ご主人が出してくださった赤紫蘇ジュースがすごくおいしくて、身体に沁みわたるようでした。それまでも、赤紫蘇の成分が身体にいいこと、とくに暑い時期のジュースは塩分もミネラルも補ってくれるということは、頭の中に知識としてありました。それを理屈でなく身体で理解するような、鮮烈な香気と清涼感。ご主人はジュースの作り方も実演してくださいました。

大原の畑で見せていただいたのは、「ちりめん赤紫蘇」といって葉がフリルのように縮れた赤紫蘇。赤紫蘇は庭やプランターでも育ちますし、時期になると東京のスーパーや青果店にも並びますが、それとは葉の大きさも形状も見るからに違うものです。ジュースの味も濃く、赤紫蘇のしっかりした強さが感じられました。大原産の赤紫蘇を分けていただき、毎年ジュースを作るようになったのはそれからです。

大原は柴漬け発祥の地で、里人が土地の野菜で作った漬物を、寂光院に住まう建礼門院に献上したと伝えられています。昼夜の寒暖差が大きいこと、盆地で交雑が起こりにくく古来種が保たれたことなどの好条件が重なり、色も香りも風味もほかの土地のものとは全く違う、すぐれた赤紫蘇が継承されてきました。実際に、大原産が最も赤紫蘇の原品種に近いということは、学会でも論文が発表されたお墨付き。自家採種、自家栽培を続けてきた柴漬け店のご主人たちなど、土地の方々代々の丹精があってのことと、大原を訪れて知ることができました。

その貴重な赤紫蘇で作るジュース。出荷期間が短いので、私は一度に枝付きで二〜三キロ取り寄せて、塩でもんだ状態で半量を冷凍し、二回に分けて作っています。盛夏用と残暑用です。レセピは作りやすい分量でご紹介します。

枝から外したちりめん赤紫蘇の葉三〇〇グラムをよく洗い、ザルに上げてペーパータオルなどでしっかり水気をおさえます。ボウルに移し、塩大さじ一をよくもみ込んでアクを出し、絞ります。

クエン酸を使うので、鍋は琺瑯製などで。鍋に三リットルの湯を沸騰させて赤紫蘇を入れ、葉の色が緑に変わったら取り出します。鍋の煮汁にグラニュー糖二五〇グラムとクエン酸二〇グラムを加えると、暗い黒緑色がぱーっと赤紫色に。何度見ても「ああ、なんてきれいな色！」と思う瞬間です。でき上がりはこれで三リットル弱。一度漉して保存瓶に入れ、冷たく冷やしていただきます。

赤紫蘇を冷凍する場合は、塩でもんで絞り、ややしっとりと水気がある状態で保存袋などに入れ、冷凍します。袋の空気をできるだけ抜いて、真空にできればそれがベストです。

夏の暑さの中、我が家に来てくださった方には、まずこのジュースをお出しします。グラスに氷とともに注がれた風情、目に映る鮮やかな色も、おもてなしの気持ちになるかしら、と思いながら。この全く自然由来の色というのが、お洒落で素敵だと思うのです。ジュースをゼリーにするのも好きなのですが、ボトルに分けて差し上げているとすぐになくなってしまい、たいてい飲むだけで終わってしまいます。

アクを出すために塩でもむ、その塩がちょうどいい具合に残ってくれて、甘さの中に塩味があるジュースになり、汗で失われた塩分を補ってくれます。塩は摂りすぎてもいけませんが、人間の身体には必要不可欠、近年の猛暑には熱中症予防にも欠かせません。大原の赤紫蘇には、土地に何百年も根づいて育てられてきた、植物の強さを感じます。そのパワーをいただいて、夏を健やかに乗りきります。

おいしいヒント

葉や花の使い方

料理や、盛りつけのあしらいに使われる葉や花は、日本の食文化のひとつの特色ではないでしょうか。紫陽花をかたどった主菓子を、菓子皿にのせる時に敷かれていた紫陽花の葉。水羊羹には笹の葉を敷いて。お寿司屋さんなどでは葉蘭。子どもの頃から知らず知らずに目にしていた色映りの美しい緑の葉を、自然に自分も使うようになったと思います。春には蕾のついた桜、夏には青文字、冬には黒文字の小枝を箸置きに。季節のしつらいの草木を再利用して食卓に生かします。

料理や菓子に使われる葉には、風味を添え、味を完成させる役割や、抗菌効果もあります。笹や柿の葉で包んだ寿司は、酢飯や塩漬けにした具の防腐効果をさらに高めるもの。沖縄の月桃、鹿児島の肉桂など、香りのよい葉で包んだり挟んだりして蒸した餅や団子は、南方らしさを感じさせます。桜餅に使われているのは、大島桜の葉の塩漬けです。たびたび論争の種にもなるのが、この葉を一緒に食べるか食べないか。私が和菓子を習った「岬屋」さんにお聞きしたところ、葉ごといただくほうが、菓子としてよい組合せだと思うということでした。やわらかいので一緒にいただくことができ、桜の葉の風味とほのかな塩味が、餡の甘みと調和するのです。

薬味、吸口、つまとしても葉は欠かせません。山椒や青紫蘇は鉢でもぜひ持たれるとよいでしょう。紅蓼の芽はつまになり、蓼の葉は焼き鮎につきものの蓼酢に。私は蓼酢が好きで、季節に自分で作ることもあるほど。擂った蓼の葉に煮えばなのご飯を混ぜて擂り、とろりと仕上げた蓼酢を、茹でた素麺を和えたり、ステーキに合わせたりして堪能します。

深川めし

鯛めし

桜海老と葱のかき揚げ

冷や汁

加賀太きゅうりと鶏肉の炒めもの

賀茂なすの揚げ煮

ゴーヤチャンプルー

なまり節

だし

梅ジュース

赤紫蘇ジュース

赤紫蘇ジュース

おいしいヒント

柑橘

柚子、カボス、スダチなどの柑橘は、薬味と同じく日本の食事に香りや風味を添えてくれる大切なもの。そのまま搾るだけでなく、産地では各家庭で柚子酢や柚子胡椒などが保存調味料として作られ、料理に使われてきました。四国、九州など温暖な地域では柑橘の種類も多く、全国に知られるようになった大分のカボス、徳島のスダチ以外にも、ごく限られた地域で食酢として常用されてきた品種もあります。通年手に入る柑橘といえば外国産のレモンですが、日本料理にはご家庭でも手に入る限り、その季節の柑橘を、料理や食材に合わせてお使いになるといいのではないでしょうか。たとえば「ふぐには橙酢（だいだいす）」など、昔からそれがつきものという組合せがあり、専門店や地方の店でその由来を知るのも楽しいものです。

私が地方から取り寄せて愛用しているのは、高知の枯木（こぼく）柚子、徳島名産のスダチなど。自宅にはレモンとシークヮーサーの鉢があります。

シークヮーサーは沖縄の柑橘ですが、東京の友人のレストランの玄関先で実がなっているのを見て、それならと現在の住まいに越した時に鉢を求めました。あまり大きく育たない木なのでテラス向きですし、実も小さく、一回で一個使いきれるところも気に入っています。毎年実をつけてくれますが、花の時期や収穫時期も年によって多少ずれるのも、自分で育ててみて分かったこと。柑橘は実を多くつけた翌年は実がなりにくいと伺ったことがあり、私も来年は花のうちに摘んで、木を休ませてみようなどと考えながら、長くつきあっていきたいと思っています。

納豆汁●秋田

さんが焼き●千葉

沢庵の贅沢煮●滋賀、福井ほか

船場汁●大阪

鮭の粕漬け●京都（白味噌）

がめ煮●福岡

手こね寿司●三重

納豆汁

納豆は、日本の誇る発酵食品の最たるものといえるでしょう。稲藁の苞（つと）に包まれた大豆の煮豆が自然発酵したともいわれる糸引き納豆の始まりも、稲や大豆などの作物が、日本の食生活の歴史とどう関わってきたのかと、興味をそそられます。大豆タンパクをはじめ栄養も豊富で、腸内環境を整え、血栓を防ぐなど、様々な効果があることも明らかになっています。

納豆汁も、日本ではかなり古い時代から食されていたようです。実家では納豆を汁ものでいただくことはありませんでしたが、納豆という食品への興味から、自分で納豆汁も作るようになりました。ひき割り納豆や、包丁で刻んだ納豆で作るより、やはり擂鉢で当たったほうが断然おいしいのです。ところが粘り気の多い納豆ほど、当たっているうちにすりこぎが回らなくなるほど硬くなってしまい、だしで伸ばしては擂り、擂ってはだしで伸ばし……の繰り返し。それが悩みの種でした。

そんなある時、仕事で秋田県を訪ねました。夏の花火大会で有名な大曲（おおまがり）です。お目にかかった和菓子店のご主人が、ご自分の店の郷土銘菓ともども、納豆汁を郷土の味として広めようと、力を入れて取り組んでいる方だったのです。話が弾み、「でも納豆が粘って硬くなって、擂るのが大変じゃありません？」と私。するとご主人が、こともなげに「ああ、それはね、大根で擂るんですよ」と仰るのでびっくり。

大根の切り口から程よく水分が出て、納豆がゆるんで当たりやすくなるとは、なんて賢く、理にかなっていることでしょう！　あれほど満身の力を込めたり、だしを注ぎ足したりしていたのにと、まさに目からうろこでした。感動して納豆汁話はさらに盛り上がり、ご主人はすぐさま納豆汁が名物の料理屋にも案内してくださって、目の前で、大根で納豆を擂るところまで実演していただきました。和菓子の取材が納豆汁の作り方に広がる！　これが取材の楽しさです。見ると聞くとでは本当に違います。

納豆汁は、ことに東北では馴染み深いものだそうです。秋田県南部は、平安時代後期に藁苞納豆が作られ始めたという伝承があり、日本の納豆の発祥地のひとつともされています。この辺りの納豆汁は、一度大鍋に作り、それを何度も温め直し、何日もいただくものだったそうです。とろとろに煮詰まった汁を、ご飯にのせる食べ方もあると伺いました。擂りつぶした納豆のほかに、山菜、野菜、茸などの塩漬けを入れるそうで、いかにも郷土食らしく、寒い季節が長い地域での、保存発酵の知恵が詰まった食べものです。

大曲を訪ねて以来、納豆汁を作る時は、大根で納豆を擂ると決めました。私の納豆汁は、昔から白髪葱をたっぷりのせていただきます。大根で擂るようになってからは、擂った切り口の部分の大根も、刻んで汁の具に加えています。こうした楽しくて役に立つ知識は、すぐ誰かに話したくなり、友人たちに教えて喜ばれ……と、ひとつの料理に嬉しい記憶が重なっていくのも楽しいことです。納豆を当たるのが苦にならなくなったおかげで、韓国料理の納豆チゲ風のスープも、この大曲納豆汁方式で納豆を擂って作ります。韓国の知人に教えたら、喜んでもらえるかしら、などと思いを巡らせながら。

さんが焼き

海に近い鎌倉で育ち、小坪(こつぼ)であがる新鮮な鰺は、身近な魚でした。刺身、塩焼き、鰺フライ。でも鰺をたたきや、味噌や薬味を混ぜた「なめろう」、それを焼いた「さんが焼き」にしていただくことはなかったと思います。

さんが焼きという名前を知ったのは、だいぶ大人になってからのこと。日本料理の本や、日本各地の郷土料理を紹介するテレビ番組などで目にして、一度自分でも作ってみようと思ったのです。

さんが焼きに使われる魚は、鰺、鰯、秋刀魚など。房総半島の漁師たちが、獲った魚を船上で捌き、味噌や香味野菜と一緒に包丁で叩いた料理が「なめろう」です。それを焼いたものが「さんが焼き」。木の葉型に伸ばして焼いたり、鮑などの貝殻に詰めて焼いたりしたといわれています。私はご飯のおかずというよりは、お酒のアテや、大勢が集まるパーティーの時の一品として作ることが多いでしょうか。

鮮度のいい、長さ一五センチくらいの真鰯を四本、手開きにして皮を除きます。生姜のみじん切り大さじ一杯分、にんにくのみじん切り小さじ一杯分、味噌大さじ一を合わせ、開いた鰯の上にのせて、まな板の上で包丁二本を両手に持ち、叩き切りにします。葱のみじん切りと大葉の粗みじん切りを適量加え、ごま油を大さじ一加えます。直径五センチ、厚さ一センチくらいの小判型に伸ばし、オーブンかオーブントースターで焼きます。フライパンで焼いてもいいでしょう。

魚はその時々で鰺でも秋刀魚でもよく、入れる薬味野菜なども、お好きなものを入れていいのではないでしょうか。私がよく入れるのは、梅干しや、ぷちぷちした食感が楽しい胡麻です。大葉で挟んで、両面にスプレーオイルをかけて焼いたり、パーティーなどではパリパリの焼き海苔を用意して、お客様に包んで召し上がっていただいたりすることも。

味噌を焼くことで香ばしくなって風味が増すのが、この料理の持ち味だと思います。味噌は液体ではないので、漁師が船に携行して、船上でなめろうを作るのにも具合がよかったと聞くと、なるほど、料理が生まれるには理由があるのだと得心します。先人の知恵にはいつも頭が下がります。

沢庵の贅沢煮

私の料理の師は、ホルトハウス房子先生です。教わっていたのは洋食で、お教室のレセピもタイプで打たれた英文でした。先生のご著書は、何冊も手元に置いて愛読していますが、その中の『旬の家庭料理をどうぞ!』(じゃこめてい出版、一九九三年)は、先生の日常の食卓にのぼるあれこれを、季節を追って綴られたものです。そこには先生が子どもの頃にお母様やお祖母様の手料理で親しんだ、和食の数々も紹介されています。

たとえば十二月のページを開くと、「師走の冷蔵庫整理術」として、使いかけのまま冷蔵庫や冷凍庫で眠っている食材を使った料理が幾つか紹介されているのですが、パンプディングやジャムタルトといったお菓子と並んで、沢庵の余りものを使った二品、「沢庵佃煮風」と「沢庵の煮物」が紹介されているのです。

沢庵の煮ものは、それまでもちょっとした居酒屋などでいただく機会があったかもしれませんが、自分で作ってみようと興味を覚えたのは、先生のこのご本がきっかけでした。内心、「沢庵を自分で煮て、本当においしいのかしら」と思いながらも、先生が仰るならと作ってからは、我が家の定番のお惣菜になりました。沢庵を煮る意外性が来客にも喜ばれる一品です。ホルトハウス先生のお得意は洋食ですが、先生の和食に対しての審美眼は素晴らしいのです。

沢庵は、昔は冬になると、各家庭で漬けていたものです。今ではそれはなかなかできないことですが、地方の道の駅などで、見るからにおいしそうな沢庵や、無農薬栽培の大根を無添加で漬けた沢庵を見かけたりすると、つい買い求めてしまいます。ところが一本はなかなか食べきれない、そんな時に作ります。

沢庵は、なるべく保存料着色料などの添加物のないものをお使いください。

沢庵三〇〇グラムを薄い輪切りにします。薄い塩水に浸けて塩抜きし、塩が抜けるまで繰り返します。塩分を感じなくなったら、鍋にだし二カップを煮立て、しっかり絞った沢庵を加え、酒大さじ三、みりん大さじ二を加えて、蓋をして一〇分、弱火で煮ます。味をみて、薄口醬油を加え、さっと煮ます。粗熱を飛ばし、器に盛り、たっぷりの削り鰹をあしらいます。

沢庵の古漬けを利用した、いわば再生料理です。日本各地で作られており、地域によって、「沢庵の煮たの」「沢庵炊き」とそのままの呼び方をすることもあれば、なぜか「贅沢煮」（滋賀県）、「大名煮」（福井県）などと呼ぶこともあるそうです。「たくさんの塩を使って漬けたものを、塩抜きするから贅沢」という説や、「漬物を手をかけて煮ものにするから贅沢」という説など、呼び名の由来にも諸説あるようですが、なんとも洒落心がある呼び名だと思いませんか？

この沢庵の煮ものには、削り節が合う気がして、私は必ず削った鰹節をのせています。削り器で削りたての鰹節だなんて、今の手抜き流行りの時代には、さらに手がかかって、〝贅を尽くした贅沢煮〟と思われるかもしれません。でも、パックに入った市販の削り節と、削りたての削り節は、全くといっていい別ものです。それを知っていただきたくて、私はキッチンの引出しから使う時にさっと取り出せる、コンパクトで削りやすい刃の鰹節削り器を考案したほどなのですから。

昔は冬に大根を干し、樽に漬けた沢庵を、翌年まで食べ続けたこと。古漬けになってもおいしく食べきる工夫をしたこと。そして、昔は毎日、朝の味噌汁に始まり、だしをとる鰹節を削っていたこと――。各家庭で毎日、毎年、繰り返されていたことを思えば、今、この贅沢煮をよりおいしくいただくために、この料理を生かすために、鰹節を削ることは苦にならない、そう私は思うのです。

沢庵は、干した大根を塩漬けして発酵させた保存食。塩抜きしても、その風味が残っています。ホルトハウス先生は、「切り干し大根とは一味違った旨味のあるものになります」と書いていらっしゃるのですが、まさに普通の大根の煮ものとも、切干大根の煮ものとも違う、沢庵にしか出せない、滋味深い味わいです。

先人の知恵は素晴らしい。こうした料理に触れると、いつもその思いを新たにします。見た目は地味ですが、削りたての鰹節が食欲をそそり、お出しすると思いのほか喜んでいただけるのがこの贅沢煮。初めて召し上がった方が喜んでくださるのを見るたびに、こういった料理こそが「おもてなし料理」といえるのかもしれない、そう思います。

船場汁

あれは小学生か、中学に入った頃だったでしょうか。母と東京に芝居を観に行きました。母の実家は目黒にあり、祖母にとって娘と孫との芝居見物は、年に何回かの楽しみだったのでしょう。

その日の出しものは大阪の人情ものでした。舞台は船場の商家で、吝嗇な旦那さんは、お妾さんを囲っていながら、奥さんにはほんのちょっとしかお金を渡さないのです。家計を預かる妻は、魚屋さんからただでもらう鯖のアラで「船場汁」を作り、夫が渡すお金をそっくり貯めた――そんなお話でした。今から思うと子どもにはいかがなものかと思う内容なのですが、脚本は花登筐だったかもしれません。

関東育ちで、それまで名前も聞いたことがなかった「船場汁」。ストーリーや演者よりも、頭に残ったのは船場汁のことばかりで、ただでさえ安い鯖の、アラだけの汁っておいしいのかしら、とずっと気になっていました。大阪には大阪らしい食べものがあり、大阪鮨や船場汁のように土地の名がついた料理がある、そんなことをおぼろげながら理解したのもその頃だった気がします。

どんなものか食べてみたいと思っていた船場汁を、大人になって、最初は本で調べた通りに作ってみました。意外といっては失礼ですが、新鮮な鯖からはすっきりした上品なだしがとれて、たいへんおいしいものでした。鯖は身がやわらかいので、文化包丁でも簡単におろせます。自分でおろすようになってからは、身はしめ鯖などにしていただき、アラを船場汁にして、一尾使いきります。アラだけではなくて、尾のほうの脂のあまりのっていない部分の身も入れるのが、私の船場汁。火が入ると身がくりっと丸くなる形も目に可愛らしく、丁寧に切った白髪葱をたっぷりとあしらいます。


鯖一尾の中骨と腹骨は六センチ長さに切り、平ザルに広げて湯通しします。鍋に鯖の骨、水五カップ、酒半カップ、生姜の薄切り五枚を入れ、中火で一〇分煮立てます。粗熱が取れるまでおいたら厚手のペーパータオルで漉し、鍋に戻し入れて、生姜の千切り大さじ一杯分を加えて煮立てます。

おろした鯖の身の、尾に近い一〇センチ分を七ミリ幅に切り、軽く塩をして、葛粉か片栗粉を薄くはたきます。これを鍋に加えてさっと火を通し、塩小さじ一を加え、薄口醬油小さじ一杯半で味を調えます。器に盛り、五センチ長さの白髪葱とおろし生姜をたっぷりあしらいます。お好みで一味唐辛子や、冬なら柚子を吸口にしてもいいでしょう。

鯖一尾をおろせるようになると、料理の幅はぐんと広がります。足の早い鯖こそ、自分の目で脂ののった新鮮なものを選べば安心です。

鯖でもう一品

船場汁を知らなかった私も、鯖寿司は子どもの頃から好物のひとつでした。しめ鯖と鯖寿司を自分で作り始めたのは、結婚した頃だったと思います。学生時代に通った日本料理の教室で教わった通りに、塩をして昆布と柑橘をのせて酢じめにしていました。

料理の仕事を始めるようになってからは、これを先に砂糖でしめるという方法に変えました。料理の科学を本で学び直したり、プロの料理人の方と一緒に仕事をさせていただくなど見聞を広める機会が増えたりして学んだことです。アメリカ西海岸で出会った、砂糖とウオッカでしめたサーモンの料理も、ヒントになったひとつでした。

砂糖でしめるというと、驚かれることも多いのですが、砂糖は食材から水分を引き出してくれます。そして旨みがあります。塩より粒子の大きい砂糖で先にしめることで、素材を塩辛くすることなく、もちろん甘くなることもなく水分が抜け、後から使う塩も酢も少量で済むのです。

しめ鯖

鯖一尾は三枚おろしにして、腹骨もそぎ取ります。バットに身を上にして置き、三温糖半カップを全体に広げ、冷蔵庫で三〇分おきます。一〇パーセントの酢水で酢洗いし、鯖の身の上に三分の一カップの粗塩を広げて、冷蔵庫で三〇分おきます。酢水で塩を洗い流し、水気をおさえてバットに並べ、五センチ角の昆布、柑橘の輪切り三〜四枚をのせ、厚手のペーパータオルをかぶせて、米酢をペーパータオルひたひたに注ぎます。ペーパータオルを使うことで、酢の量も少なくて済み、その分、いいお酢を使って作ることができるのです。

冷蔵庫におき、一五分で鯖を裏返し、一〇〜一五分おきます。鯖の身が薄く白濁して、下の身の色が透けるくらいが理想のしめ具合です。

鯖一尾を求めて、半身は塩焼きや唐揚げでいただいて、半身をしめ鯖にすることもありますが、一尾すべて、しめ鯖にすることもあります。その日のうちにしめてさえしまえば、あとは安心ですから。昨今ではアニサキスという寄生虫の幼虫が気になります。それでもしめ鯖好きの私は、お寿司屋さんに聞いてブラックライトを買って、アニサキスチェックをしてしめ鯖を作ります。

できた当日はそのまま切って刺身で、翌日は焼きしめ鯖や唐揚げにしていただきます。焼きしめ鯖は、市販の焼き鯖寿司をよく目にするようになるずっと以前から、私の定番料理のひとつ。しめ鯖の唐揚げも、生の鯖の唐揚げとは一味違うおいしさです。

しめ鯖を、グリルやソテーで洋風にすることもあります。鶏をレモンや白ワインビネガーでマリネして焼いたらおいしいように、酢でしめた鯖を焼いておいしくないわけがありません。鯖の洋風料理といえば、アラでスープをとって、身も入れてトマトシチューもおいしいですし、それをまたパスタに展開することも。とにかく鯖は新鮮なものを自分の目で選び、一尾を様々に料理して楽しむのがおすすめです。

鮭の粕漬け

粕漬けというと、昔は樽などに数種類が漬かったものを、お歳暮などでいただく機会がありました。残った粕にまた何かを漬けて、何度かは再利用したものです。

自分の粕床の味に納得がいくようになったのは、京都で私好みの白味噌に出会ってからのこと。京都の白味噌は、寒い時期などにいただくとしみじみおいしいと思うのですが、関東育ちの私には少々重く感じられることも多いのです。山利さんの白味噌は、そういうことがありません。丁寧に作られる白味噌は量も限られ、京都でも贔屓にされる料理人が多いものです。それを贅沢にも粕床に使おうというのですから、おいしくいただかなくてはなりません。一度、山利さんを取材させていただいて、お味噌の使い方をお尋ねしたことがあります。その時、「どのように使ってくださってもよろしいんですよ。私どもは下支えの仕事ですから」と仰られたことに、頭が下がる思いでした。

酒粕五〇〇グラムと白味噌二五〇グラム、酒四分の一カップをよく混ぜ合わせて粕床を作ります。

粕床には、私はたいていまず鮭を漬けます。脂ののった鮭の切り身に、一枚あたり小さじ一の塩を両面にして、ペーパータオルの上にのせ、冷蔵庫に最低一時間はおいて水分を抜きます。水気を拭い、ペーパータオルに包んで粕床に漬けます。食べ頃は、鮭の脂ののり具合でも違いますし、好き好きですが、一晩から一昼夜くらいでおいしくいただけます。召し上がる時間に合わせてペーパータオルの厚さや枚数を変えると、漬かり具合が調節できて便利です。

私は魚の切り身が二切れ入る大きさのコンテナに粕床を作ります。鮭を二回、鰤を二回くらい漬けたら、粕床に少し醤油を足して、豚肩ロースの厚めの切り身を漬けるのが定番になっています。これをオーブンで焼くと、粕と味噌がカリカリと香ばしく焼けて、満足感のあるご馳走に。冬になると、上等な酒粕も手に入りやすくなります。年末年始の時期には、鱈子や筋子を漬ければ、ご飯のお供にも、酒の肴にもうってつけです。

自家製粕漬けの味噌と酒粕は、味の決め手となるもの。専門店の西京漬けや粕漬けもおいしいですが、自分の好きな配合で、好きなものを漬けられるのが、なんといっても自家製のよさでしょう。お好きな味噌と酒粕で、ぜひお試しになってみてください。

がめ煮

「がめ煮」をいただいたのは、福岡を訪ねた時のことです。「筑前煮」の名で親しんでいた煮ものを、福岡では「がめ煮」と呼ぶことを初めて知りました。そして、調味料の地方性を痛感したのもこの時でした。

がめ煮の名の由来や、筑前煮との違いには、諸説あるようです。〝筑前地方の煮もの〟ということで、筑前煮の名称が全国に広まったのかと思いますが、炒り鶏と呼んだり煮しめと呼んだり、鶏肉と根菜の煮ものは栄養バランスもよく、日本各地で家庭料理として食卓にのぼってきた料理だと思います。

本場の福岡でいただいた「がめ煮」は、関東育ちの私には、少し甘めの味つけでした。普段私がよく作るのは、それほど甘くない味です。そして、私はごぼうと蓮根が大好きなので、その香りや食感を生かす下ごしらえと煮方にするのが鉄則。昔の料理本などを見ると、ごぼうは皮をむいて酢水か水にさらしてアクを抜く、とよく書かれていますが、それはごぼうにアクがあった時代のこと。今、普通のスーパーなどで手に入るごぼうには昔ほどアクはありません。ですから皮はむかずに洗うだけ。そのかわり、必ずするのがスを取ることです。フカフカしたスはごぼうの食感を損ねて、料理の仕上がりが大きく変わってしまうからです。それから、蓮根とごぼうを煮始めたら、鍋の蓋は絶対しないこと。これも歯応えを残して、私好みの食感に仕上げるためにしていることです。

私は料理教室をするようになってから、料理の段取りや調理法は、「どうして、こうするの？」「なんで、この調味料を今入れるの？」といつも自問自答しながらレセピを考えます。料理は科学なのです。漢字で理を料ると書きます。これに気づいた時に「はっ」としました。

鶏もも肉二枚の余分な脂を除き、皮に金串で穴を開けます。下包丁を縦に入れて、大きめの一口大に切ります。沸騰した湯に酒を加え、鶏肉をさっと茹でこぼします。

干しどんこ四枚は、水をかけて少しおき、やわらかくなったら石づきを除きます。この扱い方は私流ですが、干し椎茸の風味と食感が立ち、干し椎茸ぎらいの生徒さんにも好評です。

黒蒟蒻一枚は塩をすり込み、二〇分茹で、水をきります。余分な水分と臭みを抜いたところにおいしいお味が入ります。

里芋三個は皮を薄くむき、五センチ大に切り、面取りします。

鍋にだし三カップを入れ、酒大さじ四を加えて中火にかけ、生姜の千切り大さじ一杯分を加えます。鶏もも肉、干しどんこ、スプーンでちぎった黒蒟蒻を加え、アクをすくいます。里芋を加え、三温糖大さじ二を加えて蓋をして、弱火で二〇分煮ます。

細めの蓮根一節は皮をむき、一口大の乱切りにします。ごぼうは長さ三〇センチくらいのものを一本、皮ごとよく洗い、縦半分に切り、中心にスがあれば先の細いスプーンで取り除いて、一口大の乱切りにします。

蓮根とごぼうを鍋に加え、紙蓋をして、鍋の蓋はせずに一〇分煮ます。

人参四センチ分は皮をむき、小さめの乱切りにして、鍋に加えます。二〜三分煮て、味をみて、薄口醤油大さじ二を加えます。

絹さや五枚は天地を落とし、斜めに切り、ラップフィルムに包んで鍋上に一分くらいのせます。

器に絹さやとともに盛りつけます。

絹さやも、昔は筋を取り、塩茹でして散らしたものですが、今の野菜は筋もあまりなく、やわらかいものが多いですから、天地を落として斜めに切るだけで、鍋の熱を利用して火を通します。そのほうが栄養も失われず、味も濃く、色もきれいに仕上がります。

人参をほかの根菜より一割がた小さく切るのは、色彩学的に、色が強いものは同じ大きさにすると大きく見えて、そればかりが目立ってしまうからです。小さく切る分、人参は後から加え、根菜類が同じ硬さに煮上がるようにします。若い頃、辻嘉一さんの本で、料理の材料を切る時は、食べやすく箸でつまんで口の中に入る大きさにすること、そして同時に火が通るように考えて切ると、料理は失敗がなくできると読みました。基本的なことですが、常に心掛けています。絹さや以外は、たくさん煮ておくと翌日以降もいただけますし、お弁当のおかずにもなります。気取らない日常の煮ものだからこそ、いつでも箸をのばしたくなる、目に美しい料理に仕上げたいものです。

がめ煮も筑前煮も、油で具材を炒めてから煮る作り方が多いのですが、私の今回のレセピでは、炒めずに煮ています。季節や献立に合わせて、炒めて作ることもあります。たとえば夏場などは、まず多めのごま油で、梅干しの果肉を生姜と一緒に白っぽくなるまで炒め、そこに鶏肉、蒟蒻、根菜を加えて炒め煮にすることも。煮る時には必ず梅干しの種も入れることで、煮ものに梅干しの旨みが加わります。最後の醬油も薄口だけでなく、ちょっと風味づけに濃口も入れて。梅干しの風味で箸がすすみ、夏に心配な腐敗も防いでくれます。

鶏肉と根菜を基本に、野菜もその時あるものを入れてよく、炒めてパンチの利いた濃い味にしてもよし、だしと薄口醬油とですっきり仕上げてもよし。それぞれのご家庭での「がめ煮〝風〟」煮ものということでよろしいのではないでしょうか。

手こね寿司

手こね寿司を初めて知ったのは、中学生の頃、家族旅行で伊勢神宮に参拝した時のことです。その時はさほど印象には残りませんでしたが、料理の仕事を始めて、二見浦（ふたみがうら）の岩戸の塩を愛用するようになり、伊勢にお邪魔する回数が増えてから、数か所でいただいて興味が湧きました。鰹を刺身やたたきではなく、ヅケで寿司にするという食べ方が新鮮に思えたのです。昔から鰹漁が盛んだった志摩地方で作られていたもので、「手こね」や「手ごね」と呼ばれるのは、鰹をご飯やすし飯に手で混ぜたからだともいわれています。

もともとは、鰹で作るものだったようですが、地元で養殖も盛んな鮪も使われるようになったと教わりました。私は鮪でよく作ります。鉄火丼にすることも多かった鮪ですが、今では鉄火丼より手こね寿司にすることのほうが多くなったほどです。

ややお値段は張りますが、短時間で簡単に作れて、その場が華やぎ、満足感があって、誰もが喜んでくれるこのお寿司。家庭で手作りの寿司を親しい人と囲んだ記憶は、きっといつまでも残り、次の世代へと受け継がれていく味になるはずです。

二カップの米に、五センチ角の昆布と酒大さじ三を加え、少なめの水加減でご飯を炊きます。生姜のみじん切り大さじ二杯分、米酢三分の一カップ、三温糖大さじ一、塩小さじ二をあらかじめ合わせておきます。濡らした飯台にご飯を小山にあけ、生姜酢を回しかけ、扇ぎながら切るように混ぜてすし飯を作り、白胡麻を全体に振ります。

小鍋に醬油半カップ、みりん大さじ四、酒大さじ四を煮立て、室温にしておきます。鮪の刺身用サク二〇〇グラムは半解凍の状態で七ミリのそぎ切りにして、三〇分〜一時間漬けてヅケにします。鮪は赤身でも中トロでもお好みで。

生わさび二分の一本の皮をこそげ、横に薄切りにして千切りにし、平ザルに広げて塩を薄く振り、熱湯をかけます。大葉は重ねて巻いて、細い千切りにして水にさらし、しっかり絞り、手で割いて香味を立てます。

わさびを混ぜたすし飯を器に盛り、水気をおさえた鮪のヅケを半量盛り、すし飯を重ね、その上にヅケを盛り、最後にわさびと大葉をあしらいます。


以前は、わさびをおろして添えていたのですが、ある時ふと、すったわさびが余るのももったいない気がして、刻んで混ぜてみることにしたのです。これは大正解でした。さっと湯通しすることで、色が鮮やかになり、辛みも落ち着いて、たくさん混ぜ込んでもおいしくいただくことができます。この千切りわさび、炊きたてのご飯にたっぷりのせて、パルメザンチーズを削って、お醤油をたらり。お酒の後にお出しすると、どのお客様も大喜びです。ぜひ、お試しください。私の奥の手です。

羅臼昆布とキンキの湯煮

「ところで先生、昆布は何をお使いですか？」ある時、浴用剤や育毛剤のメーカーの方に、そう尋ねられました。当時私はそのメーカーの通販雑誌で、料理を紹介する仕事をしていたのです。聞けば育毛効果のあるシャンプー開発のために、日本各地の昆布を集めて調査したところ、うま味成分が最も多いのが北海道の羅臼昆布だと明らかになった、というのです。よかったらお使いになりませんか、というお言葉に甘えて、分けていただいた羅臼昆布でだしを引いてみて、その味の違いに驚いたこと！　がぜん興味に突き動かされ、羅臼まで昆布を見に行くぞ！　と決心。

羅臼昆布は、同じ北海道の利尻昆布や真昆布に比べ、採れる地域が狭いことがまず希少です。北からの流氷によって海に豊かなプランクトンが育まれ、その海から川へ遡上する鮭や鱒が森の動物たちの餌となり、それがまた土に還り森を育て、その恵みが川から海へと運ばれる——こうした豊かな生態系こそが、知床が世界自然遺産に認定された所以です。この循環する自然の中で育つ羅臼昆布。でも羅臼昆布のすごさは、決して恵まれた生育条件だけで語れるものではない、それが現場に足を運んで学んだことでした。

羅臼昆布は、昆布漁師の方々が、銘々の家庭で、家内工業として昆布の製品化までを行っています。その工程は二三にも及ぶというのです。真夏の昆布漁の時期、朝から漁に出た船が、幅広で肉厚、艶々の昆布を満載して戻るところから、作業は始まります。一枚一枚洗い上げ、天日に干して、とこれはほかの産地も同じです。羅臼では何度も天日干しを繰り返した後、よく乾いた昆布を一度夜露に当てて湿らせ、その湿りを利用して丁寧に皺を伸ばしながら巻いていき、一晩寝かせます。それをまた一枚一枚伸ばして積み重ね、筵（むしろ）で包んで重しをして休ませます。この重ねて包んで重しをかける「奄蒸（あんじょう）」という工程が、昆布を色よく仕上げ、うま味を熟成させると教わりました。最後にもう一度天日に干して再び奄蒸、鋏で端を切り整えてまた奄蒸。すべて人の手で、愛情と誇りを持って手をかけ、時間をかける、そのことが羅臼昆布の付加価値を高めているのです。

　この昆布をもっと多くの方に知ってほしいと名乗りを上げて、夏の昆布漁の最盛期に二週間、羅臼に滞在して取材を続けたことがあります。昆布漁の船にも乗り、昆布名人といわれる方の作業工程を見学させていただき、そして羅臼漁協の方々には様々な地元の産物を使った料理をご馳走になりました。中でも忘れられないのが、この湯煮です。お腹に羅臼昆布が巻かれた、鍋の中の赤い魚。魚は地元で「めんめ」と呼ばれるキンキ、その「湯煮」だというのです。そのものずばりの料理名に驚かされましたが、じつは湯煮は、北海道の知床や網走などの漁師町ではポピュラーな魚の調理法なのだそう。昔は海水で煮ていたと聞きました。新鮮で脂がのったキンキ、そして手をかけるからこそうま味が凝縮された羅臼昆布のだし。シンプルかつこれ以上の贅沢はないと思える、羅臼の海の恵みそのものの美味でした。

これぞ羅臼ならではの郷土の味と、東京に帰って、さっそく友人に振る舞いました。反応はばっちり。私はよく、地方や海外に行ってきた後に、個別のお土産ではなく、食材や調味料、時には調理道具や器も買ってきて、「お土産料理の会」と称して友人を招きます。そして、旅先で気に入った料理を再現して召し上がっていただき、お土産話に花を咲かせるのです。自分の料理への、お招きした方々からの反応も確かめられ、時には素敵なアドバイスもいただける、私にとっては一石二鳥の会です。

小ぶりのキンキのうろこを除き、腹の中心線の五ミリ上を切って内臓を出し、全体に軽く振り塩をします。羅臼昆布を戻し、七センチ幅、一五センチ長さくらいに切ります。キンキに昆布を巻いて、竹皮を紐状に裂いて留めます。

土鍋で沸かした二カップの湯に酒半カップを加え、キンキを入れて、蓋をして蒸し煮にします。またはキンキを蒸し器に入る器に並べ、一尾あたり酒四分の一カップをかけ、湯一カップを加えて強火で一五〜二〇分蒸してもいいでしょう。
上等な塩をぱらりと振って、それだけでもおいしいですし、お好みで生姜醤油でいただいても。蒸し汁も一緒に、そして昆布もやわらかく煮えていますから余さずいただきます。

昆布は寝かせるほどだしが出るようになるもの。私はいただいた羅臼昆布を、まだ寝かせながら使っています。等級が上になると、たしかにいいお値段なのですが、羅臼昆布は濃厚な力強いだしが引けますから、家庭料理向きだと思います。三等級くらいでも家庭用には十分です。

魚に恵まれた土地では、多く獲れる魚介の販路を広げようと、洋風料理に仕立てたり、加工食品にしたりすることを考えがちなのですが、東京で食の仕事をしていると、素材そのものの魅力を知りたいと思うことがしばしばです。この湯煮のような料理こそ、そこにしかない食材の魅力がダイレクトに伝わるのではないでしょうか。昔の漁場には、あがった魚の処理作業をしたり、漁師が休んだりする番屋があったものですが、時代とともに失われつつあるようです。かつて番屋で、漁師のお母さんたちが振る舞っていたような料理にこそ、土地の「うまいもの」が伝え継がれていたように思います。

牡蠣の葱焼き

実家の両親は大の牡蠣好きで、牡蠣鍋は冬の定番でした。当時の私は、あの内臓がグロテスクにも見えて、決して得意な食べものではなく、むしろ憂鬱でした。ところが今や牡蠣は大好物。きっかけはある洋食屋さんで、それはそれはおいしい牡蠣フライを食べたこと。それ以来、牡蠣にあたった経験もあるのに、私の牡蠣愛は止まりません。食べものの好みは自然に変わることもありますが、鮮烈な一瞬で変わることもある。だからこそ食の経験は大切なことだと思います。

牡蠣の産地では、牡蠣にとって栄養になる、山からのおいしい水が、川を通じて海に流れ入ることがまず大事だといいます。産地では植林に励んだり、海を浄化するための努力をしていると、取材で聞きました。日本では漁場によって、牡蠣の種類、大きさ、お味が違うのは、山からの恵みの違いにもよるのだと納得します。

牡蠣は、なんといっても葱との組合せが好相性。どちらも冬に旬を迎えます。これをいちばん手軽に堪能できる一品が、牡蠣の葱焼きです。

加熱用の大きめの牡蠣を、一人五個見当で用意します。

牡蠣は洗い方が大事です。ボウルに入れた牡蠣に粗塩大さじ一を振り、トスするように全体にまぶして塩に汚れを移します。塩が灰色になったら冷水を注ぎ、流水の下にボウルを置いて、親指で貝柱を押さえるようにして水の中で振り洗いします。昔はよく大根おろしで洗うなどと言われましたが、私はこの方法で、汚れをきれいに取り除いています。平ザルに広げて水をきったら、ボウルに入れて酒大さじ二を合わせて一五分おきます。酒を吸わせて、牡蠣の内臓をぷっくりさせるのです。

葱一本を斜め切りにして小さい土鍋に広げ、その上に牡蠣を並べます。軽く白胡椒を振り、バター大さじ一をのせ、蓋をして中火で五分蒸し焼きにします。

できたての、牡蠣の内臓がぱんぱんに膨らんだところに、私は醤油をちょっと垂らし、一味唐辛子を振っていただきます。

私はこれをよく、一人用の小さい土鍋で作ります。牡蠣と、牡蠣の旨みを吸ったとろりと甘い葱をいただいた後、鍋に残った汁にご飯を入れてもう一度火にかけて。最高の冬の一人ごはんです。土鍋がなくても、アルミホイルで葱と牡蠣を包み、予熱しておいた魚焼きグリルや高温のオーブンで焼いても作れますから、ぜひお試しください。

牡蠣はフライにも鍋にもおいしく、焼き牡蠣や蒸し牡蠣用には殻付きの牡蠣を取り寄せていますす。牡蠣の季節がそろそろ終わりに近づくと、牡蠣のオイル漬けを作ります。鉄のフライパンに薄く油を引き、弱火で十分に熱したところに、洗ってお酒をたっぷり吸わせた牡蠣をのせると、見る見るぷーっと膨らみます。ぱっと裏返して反対側も焼いたら、焼けたそばから保存瓶に移し、オリーブオイルを注ぎます。この時にんにくやローリエ、唐辛子などを入れれば、その風味のオイル漬けができます。

こうしておくと、シーズンが終わっても、しばらく牡蠣を楽しむことができます。オイル漬けの牡蠣は、そのままでよし、焼いてよし、漬けたオイルも入れた炊き込みご飯もおいしいものです。炊き上がりに芹の軸や針柚子を散らせば、美しく風味もよく、おもてなしの締めのご飯にもなるでしょう。

あれほど牡蠣が苦手だった私が、気づけばこうしていかにおいしく、いかに長い期間、牡蠣を味わい尽くそうかと考えているのですから、不思議なことだな、と可笑しくなります。

加賀れんこんの蓮根蒸し

蓮根は、ごぼうと並んで私の大好きな野菜です。蓮根蒸しは、蕪蒸しと同じように、季節になると東京辺りの料理屋さんでも品書きに加わります。それまでいただいたことはあっても、その真の味わいに触れたのは、やはり仕事で訪れた冬の金沢で、加賀料理の店でいただいた時のことです。もっちりした粘りは、「加賀れんこん」だからこそと納得しました。

蓮根のもうひとつの持ち味は、あの歯応えでしょう。私は食感があるほうが好きなので、蓮根蒸しを作る時は目の粗い鬼おろしを使い、蓮根の存在感もしっかり感じられるくらいにすりおろしています。

百合根や銀杏、海老など、色とりどりの具を入れた蓮根蒸しもいいものですが、私の蓮根蒸しはとてもシンプル。具は一種類、たいていは白身魚です。たまに牡蠣を入れることもあり、牡蠣から出る旨みも加わって、趣の変わった蓮根蒸しになります。蓮根蒸しというと、手の込んだおもてなし料理のように思われがちですが、作るのは意外に簡単です。具の種類を少なくすれば気負わずにできますし、具を考えるのも楽しみなこと。家庭料理ならではの蓮根のおろし加減や合わせる具を工夫なさってください。

加賀れんこん三〇〇グラムでおよそ二人分です。加賀れんこんは皮をむいてすりおろし、葛粉大さじ一、塩小さじ半分を加え混ぜます。水分が多い場合は少し除きます。

白身魚(鯛など)一人分二〇グラムずつにそれぞれ塩を振り、酒大さじ一を合わせて一五分おき、水気をおさえて、葛粉を茶漉しなどを通して薄く振ります。

銀餡は、鍋にだし一カップ半を煮立て、酒大さじ三、みりん大さじ一、塩小さじ半分を加え、薄口醬油大さじ半分で風味を調え、火をいったん切ります。

大さじ一の葛粉を大さじ二の水でよく溶き合わせ、鍋中をかき混ぜながら加え、さらによく混ぜて弱火にかけ、ゆるいとろみをつけます。

蒸し器に入れられる器に白身魚を入れ、おろして葛粉と塩を合わせておいた加賀れんこんをのせ、湯気の上がった蒸し器で一五分蒸します。

銀餡を張り、針柚子をあしらいます。

葛粉は片栗粉で代用することもできますが、葛粉を使うと舌触りのなめらかさがだいぶ違います。簡単に作れて立派な料理に見えるのが蓮根蒸しのいいところですから、ぜひ葛粉もお使いになって、より本格的な味を目指してみてはいかがでしょうか。

加賀れんこんは、金沢の地場野菜「加賀野菜」の代表格。蓮の栽培は江戸時代からの歴史があるのだそうです。明治時代からこれまで、様々な品種の栽培や改良が続けられ、今日の特徴ある加賀れんこんが生み出されました。色白で節が短く身が詰まり、粘り気の元になるでんぷん質が多く含まれているのは、土壌の力と栽培方法によるものだと聞きます。

日本各地を訪ねるようになり、加賀れんこんのほかにも、佐賀、徳島、大阪などで、でんぷん質の多い、ほくほく、ねっとりした蓮根に出会ってきました。泥の中で育ち、栽培にも収穫にも手がかかる蓮根。生産者の丹精に感謝して大切にいただきたいものです。

黒豆

黒豆というと、子どもの頃の、父方の祖父母の家でのお節料理が原点でしょうか。少し硬めで、ちょっと皺も寄った黒豆でした。「ぶどう豆」といわれて、お正月用の黒豆が瓶詰でよく市販されるようになったのは、三〇年ほど前からだった気がします。皺もなく見た目も美しいのですが、あの〝ふっくら〟は私にはやわらかすぎるようにも思えました。

ある時、今はもうない京都の割烹「南一(なんいち)」さんで、大豆料理をいただきました。大豆と胡瓜の和えものです。じつは若い頃から豆料理はそれほど好みではなかったのに、あまりのおいしさに思わず「大豆が違うんですね」と感想を漏らしたら、「いやいや、普通に売っている大豆を買ってくるだけですよ」とご主人。それで教えていただいたのが、錦市場の「椿家(つばきや)」さんでした。それ以来、黒豆をはじめ、乾物の豆は椿家さんで求めています。

同じ丹波の黒豆の名で売られていても、乾燥のさせ方によって味が違うこと。同じ畑で採れた豆も、年によって豆の出来が違うこと。不作の年は、新物よりも去年の豆をすすめる時もあること。丹波の黒豆の新物が市場に出るのは、本来は十二月で、昔からそれで正月用の黒豆を煮たこと。椿家さんのご主人からは、いろいろなことを教えていただいています。近年はすっかり観光地化してしまい、店の移り変わりも激しい錦市場ですが、椿家さんは数少ない、地元の方たちに混ざってあれこれ聞いたり教わったりしながら買いものができる、昔ながらの専門店。ですから伺うのが楽しみな、私の好きな京都のお店です。

黒豆三〇〇グラムの汚れを濡れ布巾で落とし、土鍋に九〇度以上の湯を沸かし、加えます。湯量の目安は、直径二〇～二四センチ、深さが一五センチ以上の鍋の八分目くらいです。脇に差し水を用意して、浮き上がったシブ（細かい泡）をすくっては同量の水を差します。鍋中の豆が軽く躍っているように火加減を保ち、約二〇分くらいで硬めに茹でます。火を切り、室温になるまでおきます。

豆の茹で汁三カップ半と、茹で豆四カップを土鍋に再度入れ、中火にかけ、酒半カップ、三温糖半カップを加え、紙蓋をして弱火で二〇分煮ます。紙蓋は、厚手のペーパータオルが便利です。アクも取れ、少ない煮汁で味が全体に回ります。火を止めて鍋に蓋をして、一晩おきます。

翌朝、弱火にかけ、味をみて三温糖半カップを加え、五分煮ます。甘めが好きな方は砂糖を増やすといいでしょう。薄口醤油を大さじ一杯半～二杯加え、一〇分煮ます。粗熱が飛ぶまでおきます。

この煮方を読んで、豆を水に一晩浸けないの？　お湯から煮るの？　と驚かれたかもしれません。黒豆に限らず、私の豆の煮方はすべてこの方式。以前、東京の上菓子「岬屋」さんから、小豆の餡の炊き方を教えていただいた時の方法を、私なりに工夫して応用しています。上菓子はもともと高貴な方々への献上品です。豆の栄養素も旨みも無駄に抜けてしまった餡では、献上できないでしょう、と岬屋さんは言われたのです。家族のための家庭料理も、栄養が抜けないほうがいいに決まっている、そう思って、この煮方を実践しています。よく考えると昔の職人さんのなさることはまさに「料理科学」に基づいているのですね。岬屋さんの教えのおかげで私は豆好きになりました。そして、素材選びの大切さも知ることができました。

乾物の豆は、日本だけでなく世界で、スープ、煮込み、サラダなど、その土地の豆を使った料理に用いられています。水煮の缶詰やパックより、乾物のいい豆を選んで自分で煮たほうが、栄養も損なわれず、多様な料理に展開でき、断然使い勝手がよくなります。この煮方を身につけることができ、そして安心して相談できる専門店を教えていただいて、本当によかったと感謝しています。

お正月の黒豆は祝肴（いわいざかな）の一品ですから、ぜひご自分で煮て、好みの硬さや甘さの、家庭の味を見つけていただきたいと思います。十二月、黒豆を用意する時期を迎えると、今年も無事に過ごせたことを感謝し、来年も〝まめ〟に暮らせるようにと願いを込めて、それを繰り返してきた先人に思いを馳せる――そんなひとときがあるのも、嬉しいことではないでしょうか。

煮て味を含ませた黒豆は冷凍できますから、お正月の後、春先まで少しずつ楽しんでいます。子どもの頃は、普段のおかずの甘い煮豆が苦手でした。でも最近は、ちょっと箸休めに甘いものがあると嬉しくなったりすることも。これも私が年齢を重ねたせいなのかもしれません。

鴨の治部煮風

母方の祖父母の家は、東京目黒にありました。母の里帰りについて行くと、よく家族で出掛けた店のひとつが、当時、品川のホテルパシフィック東京にあった、加賀料理の「大志満（おおしま）」でした。子どもながらにお気に入りだったごりの唐揚げや、治部椀（じぶわん）という加賀料理は、そこで初めて知ったものです。

料理の仕事を始めてから、仕事やプライベートで金沢をよく訪れるようになりました。まだ駆け出しの頃に、「フードピア金沢」という食のイベントに関わらせていただいたことも大きなきっかけです。今も続くこのイベントは、金沢の豊かな食材や料理、茶屋街や料亭で育まれた文化の魅力を広く発信しようというもの。私の師、ホルトハウス房子先生や、そのご友人で、編集者や食文化に詳しい知識人としてこの企画に関わる方がいらして、私にも声をかけてくださったのです。

一九九〇年代初頭の当時、日本は豊かな時代でしたから、古い歴史や文化が息づく百万石の城下町を舞台に、様々な充実した企画が催されました。私が初めて芸妓さんのお座敷を体験させていただいたのも、この時のことです。別行動なさっていたホルトハウス先生は、名料亭の料理を持ち帰って私におすそ分けしてくださったり、金沢に来たらこれをいただかなくては駄目よ、とわざわざ「吉(よし)はし」の和菓子を届けてくださったり。濃(こま)やかに金沢の美味を教えてくださったことも、かけがえのない財産になりました。

フードピア金沢は、毎年二月に行われます。暦の上では春でも、厳寒の二月。とろみをまとった鴨肉の治部煮は、この時期にいただくと、冷えた身体を芯から温めてくれる気がしたものです。具に入れる野菜も加賀野菜でそろえるなど、各店で工夫があり、それも興味深いものでしたが、共通しているのは鴨肉、地元のすだれ麩、野菜、それにわさびを添えることでしょうか。

治部煮のとろみは、本来は鴨肉にまぶす小麦粉でつけるのですが、私は葛粉を使っています。葛粉を打った肉に火を通すと、つるりとした食感になるのが好ましく、汁にも葛粉でとろみをつけて、椀に張ります。鶏肉で作ることもありますし、東京では手に入りづらいすだれ麩を省略することもありますから、治部煮〝風〟かもしれませんが、寒い季節に時々食卓にのぼる椀ものです。山中塗の「酢谷（すや）」さんでいただいた合鹿椀（ごうろくわん）に盛って、金沢の名店、金箔の「箔座（はくざ）」さんの金箔を上にあしらえば、寒い日の、素敵なおもてなしのお椀になります。

二人分で、鴨のだき身二分の一枚は、脂身を五ミリ厚さくらいにそぎ取り、脂身に切り目を松笠に入れ、七ミリ厚さのそぎ切りにして、葛粉を全体に薄くまぶします。

どんこ二枚は石づきを除き、ほうれん草半束は硬めに塩茹でにして冷水に取り、六センチ長さに切りそろえます。

鍋にだし三カップを煮立て、酒大さじ三を加え、どんこを加えます。鴨肉を一枚ずつ加え、火が通ったら取り出し、椀にほうれん草を形よく盛り、鴨肉も盛ります。生わさびをおろし、すだれ麩は大きめの一口大に切り、さっと湯通しします。

鍋のだしにみりん大さじ二、三温糖小さじ一を加え、すだれ麩を加えてさっと煮て、椀に盛り、一度だしを煮立ててアクをすくい、葛粉大さじ一を水大さじ二で溶いて軽いとろみをつけ、塩小さじ半分、薄口醤油大さじ一で味を調えます。

お椀に張り、おろしわさびを盛ります。


治部煮は〝じぶ〟という名の由来も、この料理が加賀名物となった理由も、諸説あるようです。その謎も含めて、長い歴史の重なりや、金沢という街の奥深さを感じさせてくれる料理ではないかと思います。この頃は、こうした各地の郷土料理のいわれにも興味が湧きます。地形や風土の違いから、その地の産物に違いが生まれ、どの郷土料理にも、背後にはきちんと、風土に根ざした食材や暮らし方があるのだなぁ〜と。風土で生き抜く先人の知恵の深さに、今さらながらに感心します。食の末席に連なる私も、何かこの知恵の伝承のお役に立てたらと思うばかりです。

豚しゃぶ

鍋ものは、日本の冬の家庭料理の代表格ではないでしょうか。だからこそ、各地に郷土の鍋があり、そこに出掛けて味わうと、なるほど、この気候風土に合った、名産物や調味料を生かした料理なのだと得心します。自分の家で作る私の鍋は、やはり実家で親しんだ鍋や、関東風の味がベースになっているように思うのです。鹿児島の黒豚も広島の牡蠣もおいしいけれど、私が鹿児島風のだしやたれでしゃぶしゃぶにしたり、牡蠣を土手鍋にしたりすることがないのは、地域性に根ざした家庭ごとの味を持つ、鍋料理という料理の、ひとつの特徴かもしれないと思います。

今は豚しゃぶといえば、どなたにも通じると思いますが、私の実家でもそうだったように、本来しゃぶしゃぶといえば牛肉でした。豚肉と青菜の鍋は、昔から「宵夜鍋」などと呼ばれ、名の由来や料理のルーツにも諸説ありますが、それが「常夜鍋」の名で広く知られるようになり、豚しゃぶという呼び方も一般化したのは、ここ三〇年ほどではないかと思います。

我が家の豚しゃぶは、基本はシンプルで、水と酒半々のスープです。そこににんにくと生姜のみじん切りが入ります。

豚の三枚肉は、脂が気になるという方もいらっしゃるかもしれません。でもビタミンも摂れますし、豚の脂は融点が低いので、牛肉よりも胃に負担がかからないのです。近年は各地に様々な銘柄豚があります。鹿児島の黒豚以外に、山形産の豚も脂切れがよく豚しゃぶ向きと思いましたし、トウキョウXもおいしい豚で、見つけると買っています。脂のバランスがいい、しゃぶしゃぶ向きの肉を選ぶといいと思います。

野菜は水菜と葱。葱は白葱、青葱の両方を入れることもあります。豚しゃぶによく足す具材は牡蠣、そのほかに入れるとしたら豆腐。私は豆腐を冷凍保存していることが多く、冷凍豆腐は肉や牡蠣の旨みを吸いやすくなるのでおすすめです。スープはたまに水と酒とナンプラーにしたり、冬の間一度くらい豆乳仕立てにすることもあります。

私自身が、飽きないように味を少しずつ変えていくのが好きなのと、お客様が好きに召し上がっていただけるよう、薬味は何種類も用意します。私は最初は塩だけ、次にちょっとオリーブオイルを垂らして。それから柚子胡椒や針柚子などで、最後に香味野菜や柑橘の果汁を入れて熟成させた自家製ポン酢でいただきます。

店でいただく鍋料理は「この鍋にはこの薬味」と決まっている店もあり、その土地ではほかの薬味は伝統的に作られていなかったからだ、と理由を聞くと、もっともだと頷きます。それでも、あれがあったらもっとおいしいのに……と、職業柄思ってしまう私。その逆に、店や地方で初めて知った薬味や吸口が、我が家の定番になることもあります。それぞれのよさや自分の好みを取り入れて、家族やお客様に合わせて変化させていくのが、まさに家庭料理ではないかと思います。

蕎麦米雑炊

軽井沢をよく訪れていた頃、馴染みの手打ち蕎麦店のご主人から相談を受けたことがありました。国道近くに移転するのを機に、朝食も出そうと思う、というのです。いろいろと考えて、蕎麦米雑炊はどうかしら、と提案しました。地元の蕎麦を使った蕎麦店ならではのメニューになりますし、さらっといただける蕎麦米雑炊に新鮮な軽井沢野菜の浅漬けを添えれば、朝食にうってつけです。

蕎麦米半カップを水に一〇分浸けます。

鶏胸肉八〇グラムは皮と余分な脂を除き、七ミリ角に切ります。

ごぼう半本は洗って皮ごと、スが入っていれば取り除いて、七ミリ角に切ります。

里芋一個は皮を薄くむき、干し椎茸一枚は水をさっとかけ、やわらかくなったら石づきを取り除きます。里芋も干し椎茸も七ミリ角に切ります。

人参は三センチ分を五ミリ角に切ります。

蕎麦米をたっぷりの湯で五分茹でます。

鍋に濃いめのだし四カップを煮立て、酒大さじ三、みりん大さじ二を加え、鶏肉、ごぼう、干し椎茸を加えてさっと煮て、アクをすくいます。

里芋、蕎麦米を加えてさっと煮て、塩小さじ一を加え、人参を加えて、薄口醬油大さじ一で味を調えます。

器によそい、細かい小口切りにした細葱と、叩いた梅干しを添えます。


野菜は何でもあるものでいいのですが、冬はことにおいしくなる根菜が合うと思います。これくらいの細かさに刻むと、食べやすく、しかもそれぞれの素材の存在感もあり、ぷちぷちした蕎麦米の食感も楽しいものです。濃いめのだしに鶏、椎茸、野菜から出るだしも相まって、深みのある味わいになります。
蕎麦米は短い浸水時間でもすぐ戻りますし、茹でてとっておいてもさほどべたつきません。野菜もあらかじめ硬めに茹でておき、鶏を入れたつゆを鍋に用意さえしておけば、さっと作れて、お店で出す朝食として、我ながらいい提案だったのではないかと思います。家庭でもそんなふうに下準備をしておくと、お酒の後や休日の朝食に、簡単にいただけます。茹でておいた蕎麦米が余ったら、ワイルドライスのように、肉のソテーなどのつけあわせにしてもよく合います。

徳島と高知の県境に近い山間部、祖谷渓（いやだに）は、平家の落人伝説の残る場所のひとつですが、祖谷に蕎麦を蕎麦米にして雑炊にすることを伝えたのは、平家の落人だったという伝承があります。この祖谷を、私も仕事で何度か訪ねたことがあり、野趣溢れる蕎麦米雑炊をいただきました。切り立った山が続く祖谷の風景は、さながらブータンのよう。食物を乾燥させて保存する文化もブータンを思わせるものでした。干し大根は風でくるくる回転して絞られるように乾燥するので絞り大根とも呼ばれています。二日ほどかけて戻すそうで、この絞り大根が蕎麦米雑炊にも入っていて、いい食感でした。

おいしい蕎麦の産地や、手打ち蕎麦が名物の土地は日本各地にありますが、それは同時に、高地や山間地であるために、稲を育てにくかった土地であることも多いのです。長野では、蕎麦の実を粥にしたり、米に混ぜて炊いたりしたといいます。蕎麦は粉に挽いて麺や蕎麦掻きにするだけでなく、稗や粟などと同様に、主食として長く山間部に住む人々を支えてきた穀物です。この国の誰もが白米を主食にするようになったのは、意外に最近のこと。蕎麦には血液をさらさらにしたり血圧を下げたりする効果のある成分が含まれ、食物繊維も豊富、栄養価も高い穀物です。先人たちが作りつないできた様々な穀物、それをおいしくいただく知恵を、伝え継いでいきたいと思います。

ねぎま鍋

両親は、そろって鍋料理が好きでした。子どもの頃、寒くなってくると、水炊き、牡蠣鍋、蟹鍋、そしてねぎま鍋。実家のねぎま鍋は、鰹のきいた濃いめのだしに、鮪の赤身と中トロ、野菜は白葱と青い九条葱、独活（うど）。それになぜか若布が決まりで、じつは子ども時代、その若布がどうにも苦手でした。大好きなねぎま鍋を前に、若布をどうやって食べないようにするか苦心していた私。微笑ましく懐かしい思い出です。

大人になって、大塚にあった江戸料理の名店、「なべ家」を訪れるようになりました。なべ家さんのねぎま鍋にも独活が入っていて、あの歯触りと香りが好きな私は、なんておいしいのかしらと感動した記憶があります。今、私のねぎま鍋に欠かせない野菜は、独活、そしていつの頃からかクレソン。芹でもいいのですが、手に入りにくい季節のある芹と違い、クレソンは東京ならスーパーでいつでも売っています。葱と鮪だから「ねぎま」なのに、私は葱無しのねぎま鍋、ということも。大人になり、若布嫌いはいつのまにか克服して、ことに早春の新若布の季節には好んで使います。江戸料理万歳!!

鮪は赤身と中トロのサクを、それぞれ厚めの一口大に切ります。

独活は長さ三〇センチくらいを二本、五センチ長さに切り、皮をむいて縦に半分から四つ切りにします。私は食感があるものが好きなので、独活もこれくらい太めにします。クレソンは茎と葉に分けて切りそろえます。もちろん、根付きの芹が手に入れば、根ごと使います。

生若布は一カップ分くらいを、一〇センチ程度のすくいやすい長さに切り、茎の硬い部分は取り除いておきます。短く切らないのは、箸ですくいやすいことを考えてです。

昆布と鰹節でとった濃いめのだしを土鍋に入れて煮立て、酒半カップ、塩小さじ二、薄口醬油大さじ二で、濃いめの吸いもの程度の味に仕立てます。

薬味は柚子胡椒、針柚子、塩、オリーブオイル、割り胡椒、一味唐辛子などを用意。

鮪の赤身からさっと火を通していただきます。具材は一種類ずつ、鍋に入れて火が通ったらだし汁と薬味でいただき、次の具材をまた入れて、というふうに繰り返すと、鍋の中がきれいなまま最後までいただけます。

だし汁は少なくとも二リットルぐらい作っておきます。おだしがおいしいので、結構すぐになくなりますから、注ぎ足し、注ぎ足しです。

鍋後は、実家では白いご飯にさらさらと汁かけ飯だったでしょうか。洗ったご飯で雑炊も合いますが、ぜひおすすめしたいのはベトナムの麵、フォーです。素麵や半田麵のように一度茹でておかなくてはならない麵と違って、フォーなら乾麵のまま鍋に入れられますし、鮪からだしの出たスープとも薬味とも好相性。意外性も喜ばれます。

おやつ

栗の渋皮煮 ●秋田
蕨餅 ●奈良
へっちょこ餅 ●岩手
葛饅頭 ●奈良、長野
ずんだ餅 ●宮城ほか
キビの蒸しもの ●岩手、熊本

栗の渋皮煮

秋、栗の季節を迎えると、いつも作るのが渋皮煮です。そのままお茶請けに、少し手を加えて和洋のデザートに。ブランデーを風味づけに使う私の渋皮煮は、洋風料理のつけあわせにもなります。

季節の仕事は楽しみのひとつ。でも経験された方はご存じでしょう、栗は渋皮を傷つけないように鬼皮だけむくのが手間なのです。小さい栗ほどむきづらく、それがまた結果が苦労に見合わないようで、せっせとむきながら、もっと大きな栗があればいいのに……と思っていました。その時はたと、そうだネットで検索してみよう、と気づいたのです。そうして見つかったのが、秋田の栗でした。偶然にも近いうちに料理雑誌の依頼で秋田に行くことになっていて、確認したところ、その農園も訪問先になっているではありませんか！　時にはこんなふうに、ラクをしたい、手間を省きたい！　という発想から食材に辿り着くことや、引き寄せられるように出会いに恵まれることもあるのです。

その栗は、秋田県仙北市、赤倉栗園の「善兵衛栗」。〝日本一大きな栗〟を求めてやってきたにもかかわらず、内心、大きいと大味じゃないのかしら、などと思っていた私。失礼にも農園主の赤倉一善さんに、開口一番、その疑問をぶつけてしまいました。すると、まず振る舞ってくれたのができたての焼き栗です。栗独特のほくほくした食感、しっかりした甘さ。私の懸念は一瞬で吹き飛ばされました。

赤倉さんが帰郷して代々の栗園を継いだのは、五〇代後半になってからのこと。この辺りでは江戸時代から栗の栽培が行われ、米ではなく栗を年貢として納めていました。栗の栽培は、藩主が京都丹波地方と岐阜養老地方から種を取り寄せ、この地に植えさせたことに始まると伝わります。時代が移り変わり、戦後、病虫害で栽培が危機に瀕して栗畑を辞める人も多かった頃、歴史ある栗を守り、ブランド化につとめたのが、一善さんのお父さん。勤めの傍ら栗を栽培する兼業農家も多い中、手をかけて自身の農園の栗の価値を高めることに力を注いできました。雪深い季節に行う剪定もそのひとつで、枝を払い、日当たりをよくすることで、大きな栗の実が育つのです。

その剪定作業を、一善さんはスノーモービルに乗って続けています。これまで何度も農園を訪問していますが、化学肥料を使わない畑には蟻などの虫も見るからに多く、土壌の違いは肌でも感じられるもの。春には畑一面にカタクリの花が咲きます。農薬を使わないゆえに、栗の実に虫がつきやすく、それを薬ではなく、湯に浸けて殺菌殺虫する方法も見せていただきました。栗が自然に落ちるまで、樹上で完熟させて収穫するのもこの農園の流儀です。とびきりおいしいと知っているのでしょう、食べにやってくる熊に取られる前に栗を拾います。その大きさはまさに日本一。大人の掌でも二粒しかのらないほど、一粒六〇グラムを超える重さになるものも珍しくないのです。

栗一キロはたっぷりの水に浸けて、厚手のペーパータオルをかぶせて一晩おきます。

水気を拭いた栗の底の部分に包丁で横に切り込みを入れ、頭に向かって引っ張るようにして鬼皮をむきます。

土鍋か琺瑯鍋に栗とたっぷりの水を入れ、厚手のペーパータオルをのせて中火にかけ、沸いたら重曹大さじ一を加え、弱火にして一五分茹でます。

鍋を流しに移し、少量の水を注いで水を替えながら、栗の表面に残った筋などを取り除きます。鍋にたっぷりの水を入れてすすぎ洗いをし、栗を一度取り出して鍋を洗って新しい水に替え、栗を戻し入れて、茹でこぼす作業を二回から三回繰り返します。

鍋に栗、水四カップ、三温糖四五〇グラムを入れて火にかけ、ペーパータオルをのせ、沸騰したら弱火にして二〇分煮て火を止め、一晩おきます。

鍋を中火にかけ、温まったら味をみて、三温糖四分の一〜半カップを適宜加え、さっと沸かしてブランデー四分の一カップを加えてそのままおきます。粗熱が飛んだら栗を取り出し、煮汁を好みの濃度に煮詰めてブランデー大さじ二を加え、栗にかけます。

渋皮煮は、冷蔵と冷凍で保存するようにしています。以前、せっかく手をかけたからと惜しんでいたら、黴が出てしまい、それからは冷蔵保存は一か月を目安にしています。このレセピは甘さを控えている分、傷みやすいのですが、汁に浸かっていない部分から黴がつくので、ペーパータオルをかぶせておくといいでしょう。冷凍すると少し味は変化してしまいますが、しばらくは大丈夫。私は毎年、お正月の栗きんとんがわりに、自然解凍しておいしくいただいています。

蕨餅

きな粉や黒蜜をかけていただく、おなじみの蕨餅（わらびもち）。蕨粉で作るから蕨餅なのですが、この蕨粉、今や純国産はとても貴重なものだと聞きます。葛粉も蕨粉も、日本に自生する植物を使い、手間をかけて粉にし、伝統的に料理や菓子に用いてきたものなのに、何か寂しい思いがします。

奈良の若草山は古くから蕨の産地で、蕨餅は門前の名物だったともいわれています。蕨の根は地中に伸びた地下茎で、そこにでんぷんが蓄えられます。掘った根を洗い、その根を叩きほぐし、水にさらしては漉すという作業を繰り返し、沈殿するでんぷん質を集めたものが蕨粉です。沈んで層になったうち、良質の蕨粉とされるのは白い層の部分で、掘り上げた根に対してほんの少量の粉しか得られないのです。

家庭で蕨餅を作る場合、「わらび粉」、「わらび餅粉」などの名で売られている粉を使います。本蕨粉を使っているか、さつまいもや葛など、他のでんぷん質の何が何割入っているか、それがどこの産地のものかなどは、商品によってまちまちなので、なるべく納得のいくものを選ぶようにしています。

蕨粉六〇グラム、和三盆二〇〇グラム、水二カップをボウルに入れ、よく混ぜて漉します。鍋に入れて火にかけ、焦がさないように気をつけながら、透き通るまでひたすらヘラで練ります。水の分量も火加減も、これぞ塩梅、その日の天気によって変わります。これを流し缶に入れ、氷水に缶ごと浸けて冷やし固めます。冷蔵庫では透明感も失われ、食感もよくありません。

蕨餅につきもののきな粉、私は自分で作っています。子どもの頃から、きな粉の舌触りと風味がどうも好きになれなかったのですが、自分で豆を炒ってミルで挽いてみたら、香りがよく、きな粉というものを見直しました。きな粉には、普通の大豆のきな粉のほかに、青大豆のうぐいすきな粉もあります。私が好きでよく作るのは、黒豆のきな粉。豆はもちろん炒ってもいいのですが、時間のない時は電子レンジに少しかけても、風味はやや落ちるものの、炒ったように香ばしくなります。これをミルで挽いて、自分好みに、ちょっと粗い粒も混ざった挽き具合に。蕨餅を切って器に盛り、きな粉と黒蜜をかけていただきます。

へっちょこ餅

黍(きび)、粟(あわ)、稗(ひえ)といった雑穀は、長く日本の食を支えてきた穀物です。ある時、雑穀の普及活動を行う、日本雑穀協会の活動に協力してくれないかと声をかけていただきました。それまで、料理にそれほど雑穀を取り入れていたわけでもなかったのですが、聞けば私の大豆料理を目にとめてくださったとのこと。雑穀は本来の定義では、イネ科の穀物のうち、小さな実の黍、粟、稗などを指しますが、日本ではより広く、豆や蕎麦も雑穀に含めて捉えているのです。私以外に適任の料理家がいらっしゃるのでは、と少し迷いながらもお引き受けしました。講習会の講師をつとめたり、雑穀料理の本を出版したり、二〇年ほど関わり、現在も理事をつとめています。

私に期待された役目は主に、雑穀をよりおいしく生かし、現代の食生活に取り入れやすい料理を考えること。雑穀だけに特化した料理というより、普段、家庭で作る料理を意識してメニューを作っています。雑穀料理の本の中でも好評なのが、黍の糯性(もちせい)を生かしたカルボナーラや、フライの衣を稗にした雑穀の食感を生かしたもの。家庭料理の食材として使えなくては、雑穀が家庭料理に浸透していかないと考えています。

雑穀協会の活動で、岩手県を訪れた時にいただいたのが、へっちょこ餅です。寒冷な岩手県北部では稲が育ちにくく、昔から小麦、蕎麦、粟、稗、黍などを栽培し、食事に取り入れてきました。へっちょこ餅は、タカキビをこねて団子にしたもの。へっちょことは「おへそ」のことで、真ん中をへこませた団子の形がへそのようだからといわれています。白玉団子も、火が通りやすいように指でへこませますが、同じことです。タカキビにはほのかな苦味があり、なかなかおいしい素朴なおやつでした。

へっちょこの名の由来には、もうひとつの説も伝わっています。「へっちょはぐ」は方言で、「苦労する」の意。秋、作物の収穫が終わり、一年の農作業を終えた時に、行事食として食べたのがへっちょこ団子で、「ご苦労さま」とねぎらう意味で、この名で呼ばれるともいいます。方言ってどこか温かくて、気持ちがやさしくなります。

タカキビはモロコシとも呼ばれ、コーリャンという中国名に聞き覚えのある方も多いかもしれません。日本各地で、かつては様々なタカキビの在来種が栽培され、食用以外の用途でも活用されてきました。たとえば昔の箒、あれもホウキモロコシというタカキビの一品種が使われているのです。一時は栽培が下火になったそうですが、タンパク質やミネラル、食物繊維も豊富なタカキビは、飽食の時代を経た日本では見直され、岩手県では特に生産に力を入れています。私が見学した畑はたばこの畑の再利用で、乾燥作業もたばこの葉の乾燥設備を利用していると聞きました。タカキビはとても背が高く、大人の背丈を超える高さに育ちます。タカキビの赤色はなんとも素敵な色で、私は秋のフラワーアレンジメントの花材として使います。

葛饅頭

東京の京菓子「岬屋」さんで、和菓子を教えていただいたことがあります。きっかけは、料理教室を始めてまだ間もない頃、旅先のアメリカで交わした何気ない会話でした。料理を教えていると話すと、「小豆はどうやって煮るといいの?」と訊かれたのです。豆を甘くして食べる文化のない欧米人が、日本の小豆餡に興味を持っていること、そして私は料理を仕事にする日本人なのに、うまく答えられなかったこと。いささかショックを受けました。外国の方との料理を通しての交流にはまず、自国の食文化をもう少し知らないと、と痛感し、餡や和菓子について、もっと学びたいと思ったのです。

それなら信頼する大好きな岬屋さんに、と相談したところ、快く引き受けてくださり、知人にも声をかけ、私の仕事場で和菓子を教える教室を開いていただきました。月に一度、二年ほど続いたでしょうか。粒餡、こし餡から始まって、季節のお菓子をひと通り教えていただきました。

その時に教えていただいたひとつが、葛饅頭です。葛粉の扱いさえ分かれば、家庭でも意外に作りやすいことを知って驚きました。粒餡、こし餡の炊き方から教えていただいたのですが、正直なところ、粒餡は作れても、丁寧に作るさらし餡はなかなか手間がかかります。近年は小豆も砂糖も厳選したよい餡も市販されていますので、私はそれを愛用しています。

こし餡二〇〇グラムを、一個二〇グラムの球形に丸めておきます。

本葛粉五〇グラムを手付きのストレーナーなどに入れて鍋上にセットし、水四分の三カップをストレーナーの葛粉に注ぎながら、手で葛粉を崩します。鍋に上白糖八〇グラムを加え、弱火にかけ、木べらで混ぜながら火を通し、固まりかけたら極小の弱火にして、八割がた固まったら火を切り、さらに混ぜます。半カップの水を少しずつ加えながら、泡立て器でトロトロになるまで混ぜ、おちょこなどにラップフィルムを大きめに切って敷き、熱いうちに葛をおちょこの半量ぐらいまで流し入れて餡玉をのせ、ラップを茶巾絞りにして輪ゴムで留めます。

湯気の上がった蒸し器で一〇分中火で蒸し、氷水に取り、冷たくなったらラップを外して器に盛ります。

このお菓子は、溶いた葛に細かい道明寺粉を混ぜると「みぞれ」になり、ラップを開いてすぐに氷餅(こおりもち)を砕いてまぶすと「あじさい」に仕立てられると聞きました。素材をいつどのように使うかの違いで、表情が変わり、その意匠を季節の風物に見立てて名をつける和菓子。その手法や発想も勉強になりました。二年習ったくらいでは、練り切りのような職人さん仕事の和菓子は作れませんが、作り方を知ることができただけでも大切な財産になっています。お茶席での上菓子は、もともとは宮様に献上されていたもの。餡ひとつとっても、宮様が召し上がるものと、庶民がいただく駄菓子では、豆や砂糖、作り方が違うことも習って初めて知りました。この知識はお茶席でも役に立ち、和菓子の伝統と「理」を大切にしなければと思います。

そして、和菓子を店で買い求めるだけだった時には、なかなか素材のことまで思いが至らなかったのですが、こうして葛粉や蕨粉、道明寺粉や氷餅の使われ方を知ると、それらがどこでどのように作られているのかを知るのも大切だと思うようになりました。

道明寺粉も、氷餅も、もともとはもち米です。それを保存、携帯しやすく加工した、兵糧であり非常食でした。道明寺粉は、もち米を蒸して天日に干した干し飯（ほしいい）を粉にしたもので、大阪の道明寺で最初に作られたといわれています。氷餅は、搗（つ）いた餅をのして切り餅にし、和紙に包んで干し柿のように紐で連ねて水に浸け、そのまま屋外で寒晒（かんざら）しにして乾燥させたもの。同様な餅の保存法は、東北や信越に見られますが、長野県諏訪地方では氷餅の名で呼ばれ、かつては藩命で作られた献上品でした。和菓子の上でキラキラ光る、霜の薄片のようなもの、あれは氷餅を砕いたものなのです。

葛粉も、氷餅も、郷土の名産です。取り寄せて、身近にその地の文化や歴史を感じながら和菓子を作るのも楽しみなこと。様々な学びが自分の料理の幅を広げてくれたと思います。

ずんだ餅

枝豆を擂りつぶしたずんだ。もともとはローカルな食べものだったのに、全国区の知名度と人気を誇るようになったのは、日本人の枝豆好きの表れでしょうか。宮城ではずんだ、そのほか東北各地で、じんだん、じんだなどと呼ばれるそうで、その名の由来も諸説あるといわれています。

そのずんだには、忘れられない思い出があります。かつて鎌倉書房という出版社の「四季の味」という料理雑誌がありました。編集長は、鎌倉書房で婦人誌「マダム」の編集者だった森須滋郎（もりすじろう）さん。同じ鎌倉在住ということもあってか、森須さんにはずいぶん目をかけていただきました。ある時、ちょっと手伝って、と呼ばれて行ったのが、ずんだ餅の撮影でした。擂鉢で枝豆を擂るように頼まれ、擂っても擂っても「まだ違う」「まだ違う」と森須さんが仰るので難儀しました。けれど、そうして枝豆を擂鉢とすりこぎで、よくよく擂って作るずんだ餡は、やはりとてもおいしいのです。砂糖と枝豆のバランスのよさは森須さんならではでした。

ずんだ餡は、枝豆を茹でて莢から出し、薄皮をむいて、擂鉢で当たり、砂糖を加えます。あの時、私はまだ料理を教え始める前、一九八〇年代の終わり頃だったでしょうか。当時はこれほどずんだ餡が身近でなく、私自身も馴染みのない食べものので、こうやって作るのかと初めて知ったのです。

ずんだ餅は、本来は搗きたての餅にずんだ餡を絡めたもの。枝豆の収穫時期も限られていますから、昔はお盆やお彼岸の頃にいただく行事食でもあったようです。家庭でずんだ餡を楽しむには、手軽な白玉団子で。夏の終わり、白と鮮やかな緑が目にも美しく、つるりとやわらかい白玉と、香り高いずんだ餡を楽しみます。

森須さんの特訓は、私の料理にきちんと生かされています。同じ崩すのでも、フードプロセッサーを使えばあっという間。でも金属と電気の熱が加わったものと、擂鉢とすりこぎで手で当たったものは、胡麻でも豆腐でもハーブソースでも、味を比べたら全く違います。擂鉢で当たるのは時間がかかりますが、風味も色も持続します。私は家庭料理を生業としていますので、本当は擂鉢で「すべて作りたい」。でも、プロセッサーやハンドミキサーの便利さも熟知しています。今の時代に生きる者として、手作業と機械作業をその時々でうまく使い分けるようにしています。本物の味を知っているからこそ、使い分けができる。本物の味を伝授してくださった方々には感謝しかありません。

キビの蒸しもの

急なお客様がみえることになり、何もお茶菓子の用意がない……ことに寒い季節にそんなピンチを救ってくれるのが、このおやつです。白玉粉、キビ、缶詰の餡、私は冷蔵庫にたいてい豆腐も常備していますので、あるものだけで、すぐ作ることができます。

白玉粉に絹ごし豆腐を加えてこね、耳たぶくらいのやわらかさになったところに、さっと洗ったキビを適量混ぜ、器に盛って、湯気の上がった蒸し器で一〇分ほど蒸します。粒餡を加えて三分ぐらい蒸して、あつあつの蒸したてを。漆のスプーンで口に運べば、身も心もほっとゆるんでいきます。

白玉粉は、常備しておくと、甘いおやつだけでなく、南瓜やじゃがいもなどの蒸した野菜を混ぜてニョッキ風にしていただくこともでき、とても便利です。スーパーでも手軽に手に入る白玉粉は、それだけ今も家庭で手作りおやつに使われているということでしょう。でも、お子さんでも作れる、家庭のおやつだからこそ、素材はよいものを選びたいものです。私が取り寄せている白玉粉は、熊本の「白玉屋新三郎」のもの。九州産の吟味したもち米で、阿蘇山系の豊かな伏流水を使い、昔ながらの石臼碾きで作られています。水碾きといい、流水とともにゆっくり碾くことで、粒がそろい、また原料の栄養素を破壊したり風味を奪ったりということのない、いわば〝低温ストレスフリー〟の製粉です。

かつては、石臼で碾いた粉が水の中で完全に沈澱するまで何日も待ち、それから濡れた粉を天日で乾燥させていました。そのため水温が高い時期には傷みやすく、寒冷期に作られたものがよしとされ、白玉粉は「寒晒し粉」とも呼ばれました。

今は温度や湿度が管理できる設備が整った時代になりましたが、かつてはそれぞれの土地で、作物の育つ四季のサイクルに従い、また思わぬ気象の変化で不作の年もある中で、貴重な作物を、気候風土に合わせて最適な時期に、保存、加工してきたのです。つい最近まで、食べること、命をつなぐことは、すべて「季節仕事」に支えられていました。自然の制約の中で、自然の力を活用し、よりよいものを作り続けようとしてきた先人の努力を忘れてはならないと思います。

おいしいヒント

調味料

この本でもたびたび触れてきたように、調味料はその土地に伝わる料理の味の決め手になるもの。舌に馴染む味、懐かしいと感じる味は、生まれ故郷や育った家庭で食べ慣れたものだと思いますから、調味料はご自分の料理に合わせて選ばれるといいでしょう。ただ、毎日使うものなので、なるべく無添加で、吟味した素材で正しい製法で作られたものを選び、早く使いきるようにしたいものです。

ご参考までに、私が愛用している基本の調味料をご紹介します。一部は取り寄せのページにも掲載しています。

砂糖は三温糖と和三盆。塩は味つけ用の伊勢の岩戸の塩と、糠漬けなどの下調理用の赤穂の天塩。酢は東京の横井醸造の米酢、京都の千鳥酢。醤油は濃口はヤマサの丸大豆しょうゆ、薄口は小豆島の正金（しょうきん）醤油。味噌は日本各地の味を紹介する仕事で出会って以来、岐阜の糀屋柴田春次商店の味噌を愛用しています。料理酒とみりんは岐阜の白扇酒造。油は横浜の岩井の胡麻油、揚げ油には米油。オリーブオイル、グレープシードオイルも使います。そのほか、欠かせないのは一味唐辛子、山椒、地辛子など石挽きの香辛料です。

私の料理には魚醤を使うことも多いのですが、家庭で作る和食にナンプラーを取り入れたのは、ある時、当時使っていた薄口醤油ではお吸いものの味が決まらず、少量のナンプラーを使ってみたのがきっかけでした。微量でも旨みとコクが加わり、調味料というよりだしの一種として使うということでしょうか。料理によって、ナンプラー、秋田のしょっつる、大分の鮎の魚醤、イタリアの魚醤などを使い分けています。

納豆汁

沢庵の贅沢煮

船場汁

鮭の粕漬け

手こね寿司

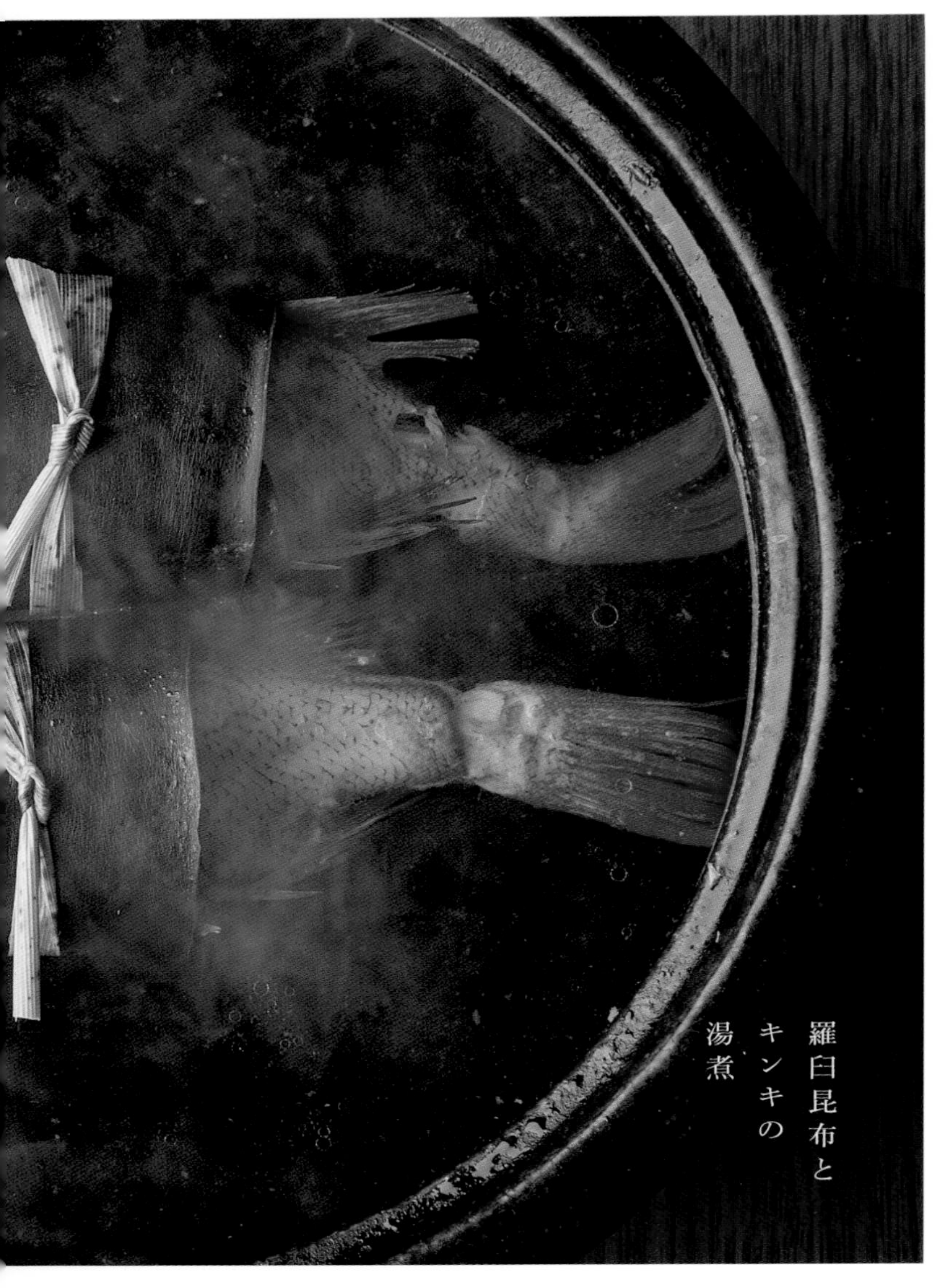

羅臼昆布とキンキの湯煮

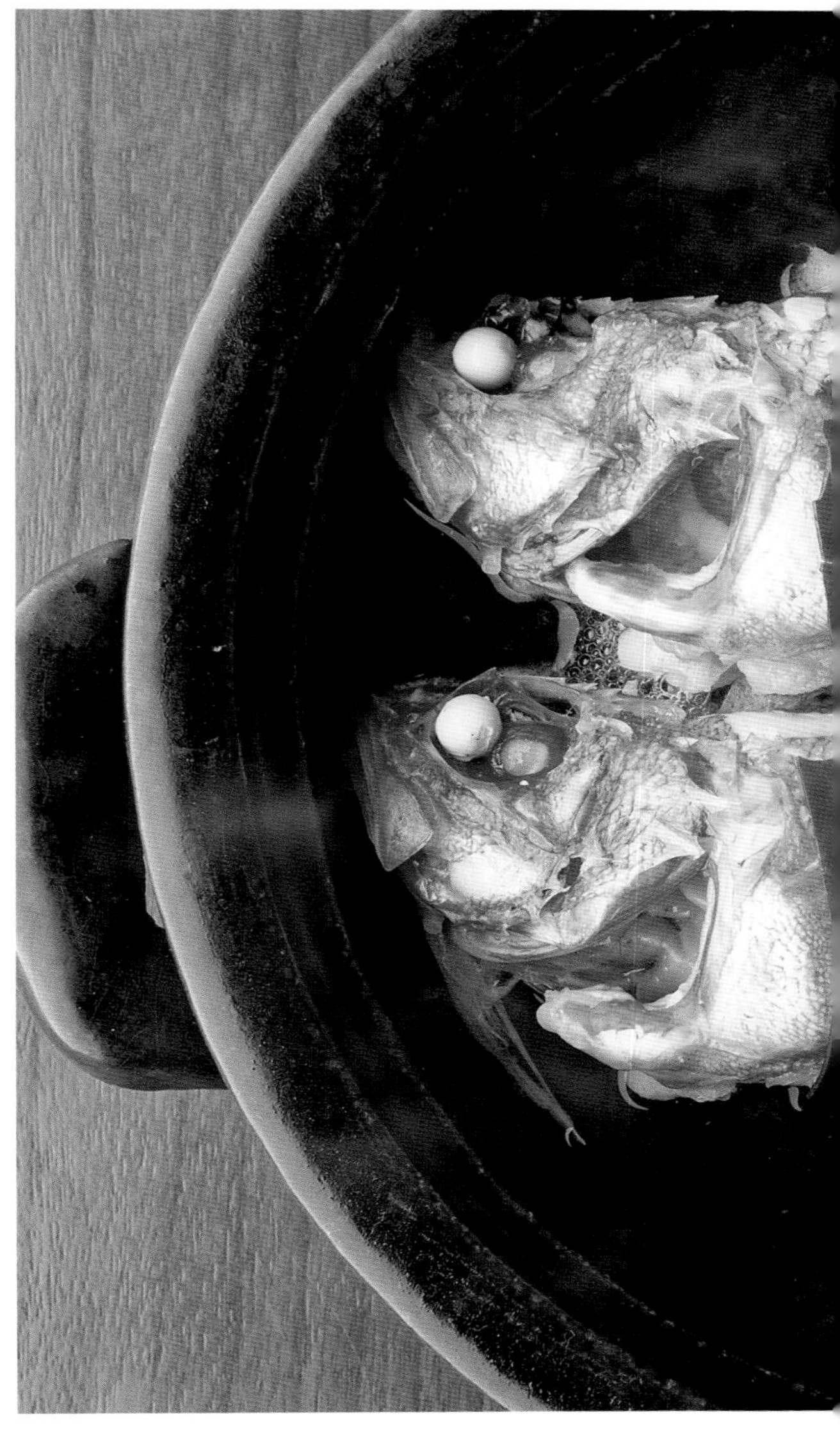

加賀れんこんの
蓮根蒸し

蕎麦米雑炊

ねぎま鍋

栗の渋皮煮

キビの蒸しもの

おいしいヒント

だし

東京生まれ、鎌倉育ちの私にとって、オールマイティーに使える基本のだしは昆布と鰹でとるだしです。昆布は利尻昆布で、鰹は本枯節の削り節、吸いものや正月料理、薄味の煮ものなどの時は羅臼昆布を使っています。

＊基本の一番だしの引き方

羅臼昆布三〇グラムは濡れたペーパータオルで拭き、二リットルの水に浸けて一時間、できれば一晩おきます。この昆布水を昆布ごと鍋に入れて沸騰させ、火を切って冷水一カップを加え、一呼吸おいて昆布を取り出し、火を点けて花鰹三〇グラムを加え、煮立ったら火を切り、冷水一カップを加えます。鰹節が沈んだら、平ザルにペーパータオルを重ねて漉します。決して絞ることはせず、この鰹節で二番だしをとります。

この冷水を入れるだしの引き方は、料理人の方に伺った方法です。差し水を「びっくり水」ともいうように、冷水が入ることで鍋中がびっくりしてだしがよく出ると聞きました。

だしは一度に多めにとってストックしていますが、便利な無添加のだしパックも常備しています。関東と関西のだしの違いは、昆布と鰹の配合の違いといえるでしょうか。関東人は蕎麦屋の店先を通って「ああ、いい香り！」と思うように、鰹の香りが立っただしに食欲をそそられるもの。関西は昆布が勝っただしです。私が取り寄せている「うね乃」さんは京都ですので、私の料理教室用には特別に鰹節を多めにして、鰹節、昆布、干し椎茸のブレンドでだしパックを作っていただいています。昨今、世界的に日本食の象徴となっているだし。本物のだしのうま味を、世代や国境を越えて伝えていきたいと思います。

おいしいヒント
雑穀

日本雑穀協会から声をかけていただき、活動に加わるようになって二十余年になります。雑穀とひとくくりにいっても、個性はそれぞれ。長年使ってきて、私が感じる雑穀の魅力は、色、そして食感です。ですから雑穀が料理に紛れてしまわず、自然に存在を主張するような使い方を心掛けています。とくに私は食感のあるものが好きなので、噛み応えを生かしています。下茹でしないと使えないということもなく、小粒の黍、稗、粟はそのまま加熱調理することもできるのです。

日本雑穀協会では、雑穀を「日本人が主食以外に利用している穀物の総称」と定義しています。日本で昔から食用とされてきたのは、粟、稗、黍、タカキビ、大麦、はと麦、蕎麦など。乾燥にも強く、寒冷地でも育つ雑穀は、米の育たない土地や気候条件に恵まれない年に、米にかわる主食として大切なものでした。

健康志向の高まりとともに、雑穀は近年注目されています。農耕民族の日本人に合う食材で栄養価も高いのですが、雑穀一辺倒にならず、バランスよく取り入れることが大切です。それには、白米に混ぜて炊く以外に、たとえばハンバーグやサラダなど自分が普段作る料理に混ぜて使うのがおすすめ。雑穀は、粘り気を出すものと水分を吸収するもの、大きく二つのタイプに分けられます。この二タイプから、自分の好みに合うものを見つけ、二～三種類に絞って常備すると、飽きたり使いづらくて余らせたりすることがなくなるでしょう。健康にいいとされる食品全般にいえることですが、無理なく楽しく、が続けるコツ。それが、一過性のブームに終わらせず、「おいしい＝健康」になる秘訣だと思います。

伝わる知恵

日本各地を訪ね、その土地の食材に触れ、それぞれの風土に合った調味料や調理法があることや、その特徴を生かした郷土料理が生まれたことを知り、興味が広がりました。体験を重ねるたびに感じたのは、先人の知恵と努力の偉大さです。

調味料や調理法にまつわる言い伝えには、偶然こうなった、食べてみたらおいしかった、などというものも多いのですが、その偶然は、地形や気候条件によるものでもあり、その偶然を生かし、守り伝え、よりおいしくしようとする工夫が重ねられ、今も残る郷土料理に形を変えながら生き続けているのだと感じます。

郷土料理には、旬の時期にたくさんとれる食材を、いかに保存しておいしく食べるかという知恵が詰まっています。それは同時に、食物のない時期をどうやってしのいで、命をつないできたかということでもあります。そのままでは到底食べられない木の実や草の根、山菜などを、手間をかけてアクを抜く、水にさらして粉にするなど、根気と経験が物をいう下ごしらえも、食べつなぐための先人の知恵で、郷土料理の中に生きています。そして、こうした知恵の蓄積と伝承と、家族においしいものを食べさせたいという気持ちがあったからこそ、戦中戦後の食糧難を創意工夫で乗りきれたのだとも思うのです。

日本で冷蔵冷凍の技術が家庭にまで普及したのは、ここ五〇年ほどのことですし、夏野菜も冬野菜も、遠く離れた海の魚も年中スーパーに並び、半調理品や加工品がこれほど市販されるようになったのはさらに最近のこと。それまで日本各地で、その土地の条件に合わせて続けられてきた、食材の保存法や下ごしらえ、季節に応じた食べ方には、家庭料理を日々助けてくれる知恵、楽しく作っておいしくいただくためのヒントが詰まっています。各地で知ったこと、祖母や母から学んだことを、私が今どのように自分の料理に生かし、日々続けているかをご紹介します。

保存

冷蔵技術のない時代の保存法には、一般に乾燥と塩蔵があります。どちらも食品の水分を抜いて、傷みを防ぎ、常温での長期保存を可能にしたものです。寒い地域では、雪の下に埋めるなど、天然の冷蔵も活用されてきました。

南北に長い日本は地域によって差はありますが、世界の中でも湿度の高いところです。そのため、塩分で雑菌の繁殖を抑えながら、一方で身体に有効な微生物を繁殖させる、発酵に適した環境です。保存期間を長くするだけでなく、熟成によって旨みを増す発酵は、日本の食文化の基礎ともいえるでしょう。

発酵

外食やご馳走ももちろんおいしいですが、白いご飯に納豆、漬物でお茶漬け、味噌汁といった何気ないものを家でいただく時の、ほっとする心地。それは時代が変わっても日本人の変わらないDNAなのではないでしょうか。発酵調味料、発酵食品というものは、それだけ日本人の体質にも合うのだと思います。おいしい、身体に合う、そうでなければ、いくら健康にいいと言われても、毎日の食事は続きません。「おいしい」＝「健康」につられて興味を持ったからこそ、私の発酵への興味は尽きないのだと思います。

海外でも醤油や味噌に興味を持ち、取り入れている料理人は多くいます。私も和食に海外の魚醤を、洋食に味噌を使ったりしますし、発酵食品同士、たとえば醤油や味噌とパルメザンチーズは相性がいいので、組み合わせて使ったりします。和洋中、さらにはエスニックまでの多様性が、日本の現代の家庭料理の特徴でもありますから、こうした発酵調味料、発酵食品の代用や掛け合わせは、料理の幅を広げることに役立つと思います。

【麹】

麹は日本食の発酵を特徴づけるもので、醤油、味噌、みりん、酢という基本の調味料や酒にも麹が使われています。

そうした基本的な知識は持っていましたが、私が麹の奥深さを知ったのは、秋田県の仕事で、麹を使った調味料を作る仕事に関わった時のことです。麹を使った中華風の調味料を作り、アンテナショップのレストランで提供する料理に使おうという企画でした。試作と全く同じやり方でレストランに仕込みをお願いし、途中で様子を見に行ったのですが、どういうことか、全く似て非なる風味になってしまっていたのです。なぜ、と訝むばかりでしたが、秋田県庁の女性職員はすぐ気づきました。麹菌の菌糸が蒸し米に食い込むことを「破精（はぜ）」といい、私が試作で作った麹は、破精が中心部まで米全体に廻った「総破精」、レストランで使った麹は「突（つき）破精」、菌糸の食い込み方が違うものだったのだと。それゆえ、試作とは発酵の速度も違い、風味も思ったようにはならなかったのです。表面についた白い菌糸を見ただけでは、米の真ん中まで菌糸が食い込んでいるかはなかなか分かりません。少しは麹について学び、それを使って料理を作ろうとしていたのに、使いこなすにはまだまだ知らないことがある、と身を引き締めた経験です。

一般に、麹が全国区で知られるようになったのは、健康志向の高まりで発酵が注目を集め、塩麹がブームになったことが契機だったと思います。麹が知られたのはよいことですが、塩麹として市販されているものは、発酵を止めた状態のもの。生きて発酵が続いていれば、密封したら瓶から溢れ、袋も破裂してしまうでしょう。多量な塩を混ぜることで発酵が止められているのです。なぜこれほど塩麹が塩辛いのか、なぜ袋や瓶で流通可能なのか、発酵食品の特性を知り、疑問を抱いて調べることも大事なことだと思います。

麹は冷凍保存が可能です。これも取材で得た知識です。私は冷凍庫に生麹を持ち、自分が信頼して使っている塩を、その都度合わせて使っています。そうすれば、塩分を控えて、麹の旨みをたっぷり食材にプラスし、発酵食品を有効に摂ることができます。

白菜漬け、キャベツなど野菜の即席漬けに使ったり、豚の生姜焼きやロースト、チャーシュー、鶏の唐揚げの下味に使ったり、麹は何にでも使えます。下味をつける時、私は卵黄を入れて接着剤とし、食材に麹が馴染みやすくなるようにします。肉もやわらかくなり、麹は焼けるとかりかりして香ばしく、ぜひ試していただきたいメニューです。麹に塩と油と葱を混ぜた上澄みで刺身をいただくこともありますし、カリフラワーのポタージュなどには、白ワインよりも酒と麹を使うと味が尖らずに甘みと深みが増し、自然なとろみもつきます。これはある時ふと思いついたことで、フランスではポタージュにパン屑を入れるのだから、米麹を入れてもいいのではないかしら、と。生麹を冷凍で持つと、ご自分の料理に合わせて多様な使い方が楽しめると思います。

【糠漬け】

米糠は、昔はもっと身近な存在だったような気がします。若い方はご存じないかもしれません、私の子どもの頃は、糠を目の詰まった木綿に包んできゅっと縛り、それで身体や顔を洗っていました。祖母がよく使っていたことを覚えています。その効果など分からない時代から使われていたものですが、保湿や新陳代謝を促す効果があり、今も米糠を使った美容商品や洗剤は市販されています。

結婚し、二〇代で初めて実家を離れて暮らした越後高田では、魚の糠漬けがよく売られていました。昔の漬物樽のような大きな樽で、よろずやといった風情の食料品店の店先に置かれていたものです。鰯などの魚に塩をして糠に漬けたもので、糠を拭ってそのまま焼いたり、塩が強いので塩抜きして焼いて、酒のつまみやお茶漬けにしたりします。「こぬか漬け」、転じて金沢辺りでは「こんか漬け」などと呼ばれ、金沢には珍味、河豚(ふぐ)の卵巣の糠漬けがありますし、福井の「へしこ」も魚の糠漬けです。

日本人が玄米ではなく白米を常食するようになって以来、必ず余剰品となってきた糠。米の栄養の多くはこの糠に含まれているわけですから、それを多様に利用してきた先人の知恵は、上手に伝え継いでいきたいものです。

私の糠床は、結婚する時に実家の糠床を分けてもらったものがベースです。何度か駄目にしかけたこともありますが、駄目になった部分を除いて、糠を足して再生して使い続けてきました。昔はどの家にも冷暗所があり、甕（かめ）などで漬けてそこに置いたもので、だからこそ冷蔵庫のない時代の保存食だったわけですが、昨今の東京の気候ではそれは無理。冷蔵庫に入る大きさの容器を糠床にして、通年冷蔵庫で管理しています。

糠床は毎日かき混ぜないと、と思われているかもしれませんが、そんなことはありません。一週間ほど出張で家を空けても冷蔵であれば問題なし。ただ、かき混ぜられない日が続いた時は、週末など時間のある時に冷蔵庫から出し、天地を返すように混ぜて、しばらく常温でおきます。糠床には上部と底部で別の菌が繁殖するといわれていて、上下を返して混ぜることでそのバランスが保たれ、発酵がよい具合に進み、おいしい糠漬けになるのです。空気が入らないほうがいいので、混ぜたら上から掌で押して表面をならします。これも料理科学の最たるものです。

糠漬けは大根、蕪、胡瓜、人参、茄子といったところが一般的だと思いますが、私はもっといろいろなものを漬けています。クレソン、ブロッコリー、カリフラワーなどの茎、新ごぼうや新蓮根、椎茸やマッシュルームも。そして我が家の定番が新じゃがの糠漬け。これは祖父の大好物で、子どもの頃は祖父だけの特別な一品を、ちょっぴり分けてもらうのが楽しみでした。

小さめの新じゃがは、皮をむいて一か所包丁で切り込みを入れて、まるごと糠床に漬けます。ほかの野菜より長めに、一週間ほど漬けたら、繊維に沿って千切りにして、水にさらして絞り、鰹節をのせてちょっと醤油を垂らします。祖父はそんなふうにしていましたが、今ならオリーブオイルをかけても合うでしょう。しゃきしゃきの食感、なんともいえない風味で、新じゃがの季節、おもてなしの口取りにまずおすすめすると、お客様が「何だろう?」という表情をされるのも私にはひそかな楽しみです。

糠床は、野菜のレスキューの意味でも私にとって大事なものです。半分使って今日はもう使わないという胡瓜や蕪があれば、それはそのまま取っておかず、糠床に直行です。何ごとも早め早め、食材が劣化する前に手当てをします。生産者の畑を訪ねると、採れたての蕪のサラダってこんなにおいしいの? 焼いただけでこんなに甘いの? と驚かされます。目に見えて変化がなくても、新鮮なほうが絶対においしいのです。糠床に入れてさえしまえば、古漬けは古漬けで炒めものに使うなど、使い道はいろいろと開けます。悲しいかな、都会ではスーパーでもオーガニックショップでも、野菜はそれなりの値段を出さなくては手に入りません。だからこそ、皮も葉もなるべくおいしく食べきりたい、そのためにも糠床は持っていると本当に便利で、野菜が無駄になる、もったいない、ということがありません。

どの家でも漬けていた頃にはありふれたものでしたが、今や自家製の糠漬けは、立派なおもてなしの一品になります。ビールにも白ワインにもシャンパンにも吟醸酒にも合い、お酒を召し上がらない方ならもちろん白ご飯にもおむすびにも。みずみずしい、色よく漬かった糠漬けを、映りのいい器に盛ってお出しするだけで喜んでいただけるものです。

【味噌漬け】

味噌漬けや粕漬けは、昔はいただきもので届くのが楽しみだったもののひとつです。残りの味噌や粕を再利用して、何かしら漬けたものでした。それをずっと使い続けるということはありませんでしたが、ある時、殺菌作用のあるにんにくを入れたら、保存効果が高くなるのではと思って試したのが、この「にんにく味噌床」のきっかけでした。味噌を足し、にんにくを補充し、もう四〇年近く使い続けています。

好みの味噌一キロに対し酒四分の一〜半カップを混ぜ合わせ、半分に切って芽を取ったにんにく一玉分を埋め、二週間ほどおくと使っていけます。にんにくの芽には胃が荒れる成分があるので、必ず取り除きます。

最初に牛肉を漬けると味噌床に肉の味が入るので、私はまずたたき用の牛肉を漬けることが多いです。豚や鶏、鰤などの魚、野菜は人参、ごぼう、セロリなど。野菜の浅漬けなら三〇分ほど、セロリの軸のように繊維に浸透しやすいものなら一五分ほどでいただけるので、何か一品箸休めにという時に重宝します。ほかに私が漬けるのは、卵黄、モッツァレラチーズ、豆腐など。普段の主菜から酒の肴、もてなしの一品まで様々な展開のアイデアが湧き、日々の料理を助けてくれます。

気をつけたいのは、味噌は塩分濃度が高く、食材に浸透するのも早いこと。いつ食べたいかを考えて、ペーパータオルで食材を包み、その枚数で調整するといいでしょう。それでも漬かりすぎてしまったら、薄切りにして炒めものやお茶漬けに、と発想を変えていただきます。

いろいろな食材を漬けて熟成が進んでいくと、旨みを増した味噌床の味噌自体も調味料として利用できますし、飴色になったにんにくも料理に使えます。

このにんにく味噌床は、私がずっと続けてきて、どなたに教えても喜ばれるものです。教室のアシスタントの女性が、この味噌床に漬けた牛肉をご主人の実家に帰省する時に持参したら、「もっといい肉を買ってあげるから今度その味噌床を持っていらっしゃい」と言われたという話は、可笑しくて嬉しくて、忘れられません。外国でも味噌という食品は注目されていますし、にんにくも世界各地で使われている食材。鶏や豚のにんにく味噌グリルは外国の方や若い方にも好評で、羊肉にもよく合います。海外で料理好きの人が集まる場に持参すると、新しい使い方のアイデアをもらうことも多く、まさに料理は国境を越えるものと実感します。

干す

干し椎茸や切干大根は、身近に親しんできた食材です。干すことで旨みが増すだけでなく栄養価が高まる、それは知っていても、自分で野菜や茸を干してみようと思ったことはありませんでした。野菜を干すことに興味を持ったきっかけは、仕事で秋田を訪れた時のことです。地元の物産を扱う店で、白菜と舞茸を天日干しにしたものが、緩衝材の綿に大事そうにくるまれて、箱入りで販売されていたのです。見るとかなりいいお値段。店の方に訊くと「白菜も舞茸も干すとおいしいよ。牛肉と炒めたら最高」と。帰宅して早速、当時の仕事場で日当たりのいい場所に干し場を作って、それから白菜と舞茸を干すのは我が家の冬の風物詩になりました。

干し芋、干し柿、干瓢（かんぴょう）、ぜんまい、ひじき、若布。豆、高野豆腐、棒鱈、身欠きにしん。こうして挙げてみると、いかに日本の料理に乾物が欠かせないものかが分かります。海産物は干すことで海から遠く離れた場所まで運ぶことができ、だしの素材として昆布、煮干、鰹節などが、地域によっては貝、海老、するめなども利用されてきました。鰹節は発酵食品であり乾物でもあり、燻煙の技法も使われています。沢庵やいぶりがっこも、大根を日に干したり、囲炉裏の煙でいぶして乾燥させたりして、塩漬けにしたものです。

私が干しているのは主に、白菜、舞茸、大根です。白菜はすき焼きなどの鍋ものはもちろん、牛肉や豚肉と炒めたり、煮ものにしたりするだけでもおいしく、もう干さずに使う白菜は考えられないほど。舞茸は鍋もののほか、炊き込みご飯、味噌汁、じゃがいもと炒めてステーキなどのつけあわせにも。干し舞茸はいい食感が生まれ、味もぎゅっと凝縮します。今の住まい兼仕事場は、以前の仕事場より干す場所が広く、風通しもよく、絶好の環境です。大根など、好天の日当たりのいい時間帯に数時間干すだけでも甘みが立ち、太陽と風の力はすごい！　と実感します。

大根は水分が抜けて繊維に味が入りやすくなりますから、柚子と糸昆布で漬物にしたり、糠漬けに入れたり、手羽元との煮ものや、コムタンスープにも。一本の大根をその日使いきる予定がなければ、使わない分はすぐ、翌日煮ものやスープにするために干すこともあります。葉や厚くむいた皮を干すことも。週末は天気もよさそう、出掛ける仕事もないし、という時はまさに干し日和。おいしくなる、それがあることで日々の料理作りに余裕が生まれる、そして何よりも日々の生活にちょっとした変化が生まれる、そのことがすごく楽しいのです。

塩

冷蔵の技術も、輸送の手段もなかった時代は、塩蔵が食材を長持ちさせる大きな方法でした。足の早い鯖に塩をして、鯖街道を通って日本海から京の都に運ばれたのもそのひとつ。筋子や数の子、塩雲丹(しおうに)、塩辛、新巻鮭に塩鮭、塩蔵若布など、いずれも今もなくてはならない食材であり珍味です。海外ではハムなどの加工肉に塩蔵の手法が使われてきました。

私がいつも作っている塩豚は、三枚肉の薄切りに塩をしたもので、パンチェッタのように使っています。二〇〇グラムの豚肉に小さじ一の塩をして、冷蔵庫で数時間から一晩おいて、当日または翌日使うか、板状にして保存袋で真空状態にして冷凍するだけ。薄切り肉なのですぐ戻り、半解凍で使うこともできますし、使いたい分だけ切って使うこともできて、とても便利です。鮭も、いい生鮭が手に入った時などに、自分で塩をして塩鮭にし、これも冷凍することもあります。

塩は人間が生きていく上でなくてはならないものです。日本では明治以降、長く国による塩の専売が行われ、江戸時代まで各地で行われてきた製塩法の中には、塩田が廃止され、その地で技術が受け継がれなかったものも多くあります。その後、国内でも塩の販売、流通、製造の自由化が認められ、海外の塩も手に入るようになり、選択肢が広がっていますが、一時期は専売公社の全国一律、工場で作られた塩化ナトリウムの塩を使うしかなかったのです。それによって、各地の漬物や発酵食品の味も変化せざるをえなかっただろうという事実も記憶にとどめたいと思います。

私は基本の塩として赤穂の天塩を、時に応じて、韓国で出会った岩塩やフランスのゲランドの塩なども使いますが、ずっと愛用しているのが三重県二見浦の岩戸の塩です。各地の製塩の技法は、製塩の自由化が認められて以降、復活しているものも多くあります。海塩、藻塩、山塩など製法も味も多様ですから、ご自分の料理に合わせて選ばれるといいと思います。

下ごしらえでおいしく

料理の下ごしらえには、野菜の洗い方やむき方、切り方などもありますが、それより前に、食材をどう保存するか、どこまで手をかけておくかという、料理以前の下準備、段取りもあると思います。冷蔵冷凍が家庭でできる現代だからこそ、買ってきた食材をただそこに入れるのではなく、ここまでやっておくとすぐ料理に取りかかれるというところまで下ごしらえをして、冷蔵、冷凍するようにしています。

料理は素材のよさが半分、三、四割以上は下ごしらえに左右されると思っています。煮る、焼く、炒めるなどは料理の最終段階で、重要性からいえば、下ごしらえのほうがはるかに大切なのではないかと。そしてそれを一から始めるのではなく、あらかじめ途中まで仕上げておけば、料理にかかる時間は短縮できます。手間のように思えても、結局はきちんと最初に手間をかけておくほうが、気持ちにも時間にも余裕が生まれ、おいしい結果への早道になります。

今はよほど大家族でもない限り、常備菜が何種類もあるよりも、下ごしらえして和洋中の料理に展開できるものを持っているほうが、仕事を持つ女性にとっても、日々の献立を考えやすいと思います。三つ、五つの下ごしらえしたものがあれば、一〇〇のレセピに展開できるといっても過言ではありません。これは実際に、私が冷蔵庫の貯金と称して、仕事を続けながら家族に食事を作り、家庭で食事をともにする生活を続けてきた上で、それが心の余裕であったという、実践からの実感です。

【野菜】

野菜を買ってきたら、まるごと冷蔵庫にしまわず、当日必ず使うと決めている分以外は、すぐに何かの形にしておきます。そうすれば大きいまま冷蔵庫に入っていることと自体がストレスになることもありません。日本の冷蔵庫の野菜室はなぜあの容量が必要なのか、私は常々疑問なのです。

ブロッコリー、カリフラワー、いんげんなどは硬めに茹でてペーパータオルで包んでポリ袋、保存容器などに入れて密封して冷蔵庫へ。これを朝昼晩と、サラダ、温野菜、炒めもの、和えものなどに使っていきます。二、三日で使いきり、最後に余っていたら、スープやポタージュに。買ってきた野菜の顔を見て、たとえば思ったほどカリフラワーの鮮度がよくなかったら、カレーに入れてしまおうとか、半分使ってグラタンにして、半分はピューレにして冷凍しておこうなど、それはその時々で臨機応変です。

大根や蕪は葉と根に分け、葉はすぐ刻んで炒めてしまいます。胡瓜はペーパータオルで一本ずつ巻き、長葱は青い部分と白い部分に分けてペーパータオルで巻いて、密封袋へ。レタスは芯に楊枝を三本刺して成長を止め、キャベツは芯をくりぬいた所に濡らしたペーパータオルを詰め、ペーパータオルで全体を包んで芯のほうを上にして、保存袋へ。里芋は泥を洗い落として乾かしてからペーパータオルで包んで冷蔵保存すれば、傷ませることなく日持ちします。

【肉・魚】

魚や肉も、私はトレーのまま冷蔵庫に入れることはありません。魚は三枚におろして塩をしておく、切り身も塩をしてペーパータオルとラップで包むか、味噌床や粕床に漬ける。挽肉は薄い味をつけて種にして小分けにして冷凍。鶏肉は皮と脂を取り、塩をしておきます。それで冷凍する場合もありますし、当日か翌日に使うと決めていたら、たとえば唐揚げならにんにく醬油に漬けて下味をつけるところまで済ませてしまいます。そこまでの下ごしらえなら、何かの事情で揚げものができなくなっても、炒めものにすることも可能です。

【豆腐】

一丁の豆腐を使いきれない時、残りは保存容器に水を張って冷蔵保存してもいいのですが、私はたいていすぐ冷凍してしまいます。冷凍することによって水分が抜け、味が入りやすくなります。使いやすい大きさと形に切って、軽く水気をきり、密封袋に入れます。

切って冷凍しておけば、戻してそのまますき焼きなどの鍋ものや煮ものに、ちぎって炒めものにも便利に使えます。鍋ものの豆腐は、崩れて鍋の中に散らばりがちですが、冷凍した豆腐は崩れにくくなり、すくいやすくなるのもいいところです。

【油揚げ】

私にとって油揚げはあると安心な食材なので、たいてい冷凍で常備しています。私がお気に入りの、太白ごま油を使った油揚げなら油抜きの必要はありませんが、それ以外の油揚げの場合は、まず茹でて、冷めたら巻いて絞り、密封袋に入れて冷凍します。

【蒟蒻】

日本の蒟蒻芋はほとんどが北関東で作られていて、中でも一大生産地は群馬県です。軽井沢へ車で出掛けた時、途中の道の駅などで蒟蒻芋一〇〇パーセントのものを見かけると必ず買ってしまうほど、私は蒟蒻好き。中国四川に出掛けた時には、思わぬ料理に出会いました。鹿のアキレス腱を煮込んだ料理で、そこに日本でいう凍み蒟蒻が使われていたのです。凍み蒟蒻は凍らせて水分を抜いた乾物です。煮込んだ時に出る濃厚なエキスや調味料を、スポンジのようになった凍み蒟蒻が吸って、深い旨みが渾然とした煮ものでした。

蒟蒻の冷凍を自宅で試してみたのはそれからです。買ってきたパックのまま冷凍庫に入れると、凍ることでいったん膨らみますが、戻すと水が抜けて、厚さが見るからに薄くなっていきます。使う時は戻した蒟蒻をぎゅっと絞ってから料理に合わせた大きさに切り、塩茹でしてザルに上げ、また絞って、煮ものや炒めものに使います。糸蒟蒻も、使いきれなかった分は冷凍します。

冷凍保存をするようになる前も、私はとにかく蒟蒻を歯応えよくしたいので、塩でしっかりもんで、袋の表示時間よりずっと長く、二〇〜三〇分茹でていました。試してみては、次はもう少し長い時間茹でてみる。そうすれば好みの硬さに近づくと分かったからです。買いものから帰ってきて、鍋に入れて中火にかけるところまでやり終えて、お茶を淹れて一息ついている時に、ああそういえば蒟蒻茹でていたわね、そろそろ火を止めましょう、なんてこともあるほど、長時間茹でるのです。

白滝も同じように塩でもんで長めの時間茹でて、水をきって、きゅんきゅん音がするくらいまで鍋でから煎りします。ここまで下処理を終えて、保存袋に入れて冷凍しておけば、あとはいつでもすぐ使えます。家のすき焼きの一番人気は肉と並んで、白滝です。おでんの蒟蒻も煮ものも和えものも、しっかり下処理をしておくと味が染み込みやすく、薄味が思いのままです。

買ってきた生鮮食品の手当てや下ごしらえは、買いものから帰宅して座ったり別のことを始めてしまったりしたら、もうだめです。ハンドバッグを置くのもそこそこに、エプロンもつけないくらいの勢いで取りかかります。どうしても何かの時間がせまっていることもありますし、じつは仕事のない日曜日など、ついだらっと腰を落ち着けてしまうことが私にもあるのですが、それでもそのままにして夜寝てしまうことはできない性分。夜中にエンジンをかけて、猛然とやり始めます。そうすることで、貯金ができて次の日が絶対楽になりますし、食材を劣化させずおいしくいただくため、そう思うと必ず腰を上げて仕事にかかるのです。

生鮮食品を買う時、この料理を作るために食材を買いに行く、というケースもあるでしょうが、私は基本的にはスーパーや専門店で食材を見て、これをこうしよう、これをあれとああしようかな、と考えて選びます。それには買いものに行く前に、冷蔵庫の中身が頭に入っていることも大事。それは料理を仕事にしているからでしょう、と言われてしまうかもしれませんが、洋服を選ぶ時も同じではないでしょうか。ブラウスやセーターを新調する時、あのスカートにもあのパンツにも合うから買っちゃおうかな、最初はあれに合わせて、あそこに行く時に着たいな、などと自然に考えたりしていませんか？

私の母や祖母の世代などは、当たり前のように食材を買い足し、限られた予算の中で、台所を回していたように思います。まだ冷蔵庫もない時代、どう無駄にせず食べきるか、どう家族にお腹いっぱい食べさせるか。その工夫と段取り力に、学ぶところは多いと思います。現代の家庭では、毎日が和食というわけにもいかないですし、家族の食事の時間がばらばらという日もあるでしょう。だからこそ、工夫と段取り力に加えて、応用力や発想力が、日々の家庭料理を助けてくれると思います。

対談

ホルトハウス房子さん
（料理家）

ホルトハウス先生から教わった料理、しつらい、おもてなし

松田　今日はホルト先生と、私の本のために久しぶりにお話しさせていただくことができてとても嬉しいです。先生のお教室で学ばせていただいたことが、今まで私が料理を続けてきている基本ですから。

ホルトハウス　あなた、最初ここにいらした時、高校生だった？

松田　先生、よく覚えていらっしゃる、嬉しい！

ホルトハウス　高校生が来てたのよ、ってよく人に話したの、あなたのことよね。

松田　先生のおうちに伺うようになって、お料理はもちろんですけれど、飾ってある絵や、お花の生け方、洗面所のタオルとか、もうすべてのしつらいが憧れでした。そういうことを早く自分の家でやってみたくて、それで早く結婚して失敗しちゃった（笑）。結婚のお祝いに、先生がどなたかに頼んで作ってくださった黄色のシルクのキルトのクッション、今も大事に持っています。

ホルトハウス　あら、そう。

松田　お教室のノートも大切にしていますよ。長く通っていらした方が毎回お料理の写真を撮ってくださって、それを先生が書かれた英文のメニューと一緒にノートに貼って、私が日本語でメモした作り方を書いて。

ホルトハウス　何しろ何も持ってないのよ。終わったことは終わったことだからね。

松田　そういうところが先生の素敵なところ。私が大学生の頃、中華料理を習っているとお話ししたら、「今日はこの鶏を使って何かするから、あなた中華料理で何を習ったの？」と聞かれたことがあるんです。こんなふうにしました、と私が言ったら、そう、じゃ、それをやってみるわ、と言われて。先生のそういう好奇心もすごいと思いました。とにかくすべて先生から教えていただいたことばかりで。

ホルトハウス　そう、それは光栄だわ。

松田　食材の使い方も初めて知ることが多くて、たとえばサワークリームとか。

ホルトハウス　あの頃は、皆さん乳製品をあまりお使いにならなかったわね。

松田　それから、ドライベルモット。

ホルトハウス　あれはいまだに使っていますよ。ワインってね、飲むにはいいんですけど、お料理にはベルモットのほうがいいのね。

松田　風味が残りますよね。あと教えていただいたのは、食材や調味料をいかにちゃんと選ばなくてはいけないか。そういうことは、私が先生に料理をお習いしたいと思ったきっかけになった本、『私のおもてなし料理』にも書かれていました。あの本の先生の文章が大好きで、料理以外のこともすごく心に残っているんです。おもてなしの時は何日も前に献立と器を決めて、二日前までにこれをして、前日はこれを、当日は……と逆算して段取りすることとか、お客様には「何々あるけど召し上がる?」というふうに相手に気を遣わせないすすめ方をされることとか、本当に素敵だと思いました。それからお教室に通うようになって忘れられないのは、テーブルで試食している時に、先生が台所からちょっとこちらを覗かれて「いかが?」って仰るんですけれど、皆が「おいしいです!」と言った時の、あの先生の満面の笑みのお顔。

ホルトハウス　あれは嬉しいわよね。

鎌倉の味

松田　先生には日本各地の料理やお店も教えていただきました。金沢の食のイベント、フードピア金沢にも先生が声をかけてくださって、それで名料亭の治部煮をいただくことができましたし、唐津の「洋々閣（ようようかく）」でのくんち料理も教えてくださったのは先生。お教室は西洋料理で、洋食の先生というイメージがありますけれど……

ホルトハウス　和食のほうが好きなのよ。

松田　私は東京生まれの鎌倉育ちで、金沢のような郷土料理というものはないんですけれど、鯵や鰯が新鮮で、それが私にとっての地元の味でしょうか。さらに先生のお教室に伺って、実家では鯵はお刺身やフライだったのが、あのサワークリームのマリネ！

ホルトハウス　あれはおいしいわよね、いまだに作りますよ。

松田　あとは先生がカレーの時に出してくださる、トマトのサラダも。

ホルトハウス　農家が多いんですよ、鎌倉って。だからトマトがおいしいのよね。

松田　そういうものが私にとって郷土料理になるのかなと思います。

ホルトハウス　トマトのサラダの作り方はね、トマトを洗ってヘタを取って、皮をむいて、種を取る。それで余分な水を入れないこと。ドレッシングがどうとかいうことではなくて、下ごしらえなんです。いいトマトで作ったらおいしいですよ。

松田　素材も大事だけれど下ごしらえも大事、というのも先生から教わったことです。みじん切りというのは、みじんにきちっと切ったものを言うのであって……

ホルトハウス　滅多切りにしないの。

松田　叩いたら駄目。

ホルトハウス　野菜のアクが出てしまいますからね、包丁がよく切れないと。私は研げないのでよく研ぎに出すんですよ。鎌倉はまだ研ぎ屋さんがありますから。

松田　よく切れる包丁できちっとみじんに切れば、玉葱で涙が出ることはないんですよね。

家庭料理はそれぞれの家の味

松田　先生が五〇年以上教室を続けてこられて、最近の生徒さんの心持ちに変化を感じられるようなことはありますか？

ホルトハウス　そうでもないですね。子どもの時から食べ慣れたものがある人は大丈夫よね。変な言い方ですけど、そういうのない？

松田　ああ、分かります、納得！

ホルトハウス　子どもの時って、自分の中で好き嫌いがはっきりするじゃない。それがその人の料理の中に、一本ずーっと入ってる。そう思わない？

松田　そういう意味では、先生の場合はやはりお母様の料理ですか？

ホルトハウス　うちの母は関西の人でね、わりあい上手だったのよ。お米の研ぎ方とかご飯の炊き方とか見ていて、自然にその通りにするようになったというか。でもこの頃そういうベーシックなことを、あまり皆さんが気にしなくなったのかしら。

松田　気にしなくなったのか、先生のお母様や私の母のように、ちゃんとしたごはんを作る親がいなくなってしまったのか……

ホルトハウス　昔はだしをとるにも鰹節からとるしかないじゃない。母に「かつぶしかいて」なんて言われると嫌だった。

松田　嫌でした。早くやろうと思ってがりがりってやって指を切って。でもそれで、ちゃんとやらなくてはいけないと……

ホルトハウス　そう、覚えるのよ。手伝わされましたよね。

松田　手伝わされたことがすごくよかったなあと、今思います。

ホルトハウス　よかったわよね。今の子はあまり手伝わないのかしら。親も子も、いろんな意味できっとゆとりがないのね。

松田　ああ、その通りかもしれません。でもそこを何とか、日本が敗戦国で貧しかった時に……

ホルトハウス　敗戦国なんてあなた、しばらくぶりで聞いたわよ、その言葉。

松田　そんな（笑）、先生も仰らない？

ホルトハウス　言わない、言わない。

松田　でもそういう貧しかった時代にも、母親たちが家族においしいものを作ろうとしていた創意工夫を、これからの子どもたちにも伝えたいですよね。

ホルトハウス　そうね。でも貧しいっていっても、当時と今の貧しさとは違うのよね。食べものも今みたいにどこの家も同じではなかった。全然違っていましたね。

松田　そこのおうちの味というのがありました。だからよそのおうちにお夕飯呼ばれると嬉しくて。お味噌汁からして味が違いましたから。ご飯の味もよそのおうちと違いましたよね。硬さとかやわらかさとか。

チキンストックのこと

松田　でもやはり親がするのを見ていたことや、習ったことが、自然にその人の食というものになるのでしょうね。私は先生にこんなにたくさんのことを学ばせていただいたのに、先生のようなことが自分の教室でできているのかな、といつも自問自答になるんです。最近は料理の本も、簡単に作れることだけを謳った本が多いから、それを読む人たちもその通りに作る以外の術がない。

ホルトハウス　今は手をかけた料理の本はあまり読まれないの？

松田　手をかけることを受け容れる方は、やはり少し減ってきているように思えるのが寂しいところですけれど、でも一部の方は……

ホルトハウス　ちゃんとしていらっしゃる。

松田　ええ、ちゃんと作りたい、おいしいものを召し上がりたい、と思っていらっしゃると思います。そういう私も、先生のようにチキンストックをちゃんととるというところまでできていないんですけれど。

ホルトハウス　チキンストック、うちはいつでもあります。鶏ガラを自分で洗っていますよ。脂をきれいに取ってよく洗うと最終的に澄んだ雑味のないスープになります。

松田　そう、だから先生のラーメンはすごくおいしい！

ホルトハウス　おいしいわよ。大したことじゃないの、ガラと豚骨とか、ちょっとお肉の脂のないところを入れて、それで一、二時間くらいだしをとるわけ。

松田　やはり材料は大事だな、と先生のラーメンをいただいた時も思いました。

ホルトハウス　思うわね。おいしいのができるわよ。「ここのうち」のラーメンよね。時間がかかると思われるかもしれないですけど、チキンストックは火にかけておけばいいの、どこか行っちゃったって平気よ。全部終わらなかったら火を止めてそのままにしておいて、あくる日また始めたらいいの。ガラでも何でも洗って鍋に入れてアクを取ってという過程を楽しむってことを皆が覚えるといいわね。それでちょっとお塩を入れて飲んでみるのよ、こんなおいしいものないって思うわよ。やっぱりちょっと奮発してお肉も入れるといいですよ。

松田　先生、作ります！　こういうお話を伺うと、ああ、もう一度先生のお教室に伺いたい、またお習いしたいと思いますね、本当に。

ホルトハウス　スープストックではなくて、今の方は何を使ってらっしゃるの？

松田　コンソメキューブとか、粉末の鶏ガラスープ、液体の丸鶏スープでしょうか。

ホルトハウス　でも、それならどこの家に行っても同じ味ね。違うものを作りたいとお思いにならないのかしら。

松田　私もどちらかと言えば人と同じが嫌だと思うほうで、試してはたくさん失敗しましたけれど、今は教育が「人と同じがいい」という方向なのでしょうね。

ホルトハウス　学校教育がそうなのね。でも、いずれいいものは残りますよ。ですから自信を持って。私の教室も、もう五〇年以上長くやっていますけど、最初の頃からの方が今もみえていますよ。簡単に作れるということが今は主流になっているそうですけれど、でもまあ、変わりますよ、変わったほうがいいでしょう、元に戻ったほうが。

自分で作ったものはおいしい

松田　先生や私の母を見ていると、やはりあの時代はきちっとしたものを食べて育ってきているから元気なんですよね。

ホルトハウス　そう、まず元気よね。でも自分で作ったものっておいしいじゃない。おいしいものを食べていれば健康よね。

松田　先生を見ると本当にお肌も艶々ですもの。たくさん召し上がるし。

ホルトハウス　たくさん食べるわよ。でもよく働くのよ、お掃除もしますしね。

松田　先生、お正月は何を作られるんですか？

ホルトハウス　黒豆は煮ますね。うちの母の黒豆は、冷めると固く締まって皺が寄るのがなんともおいしかったわね。黒豆もそこの家の味というものがあります。それと、なます。自分で作ると好きな味にできるのがいいのよ。塩でもんだらゆすいでしまって、あとは塩をきかせずにね。それから、お雑煮は私は何も入れないの。

松田　そうなんですか!?

ホルトハウス　だしをとって、おつゆを作っておくでしょう、お餅を焼いてぷーっと膨らんできたくらいのところをお椀に入れて、ぱーっとおつゆを張ってそれですぐ食べるの。お餅はオーブンをわりと高温にしておいて、あんな大きなオーブンで二切れくらい（笑）。ちょっと焦げる匂いがいいのよね。

松田　今日は西洋料理の先生からお好きな和食の話をたくさん伺えて嬉しいですね。

ホルトハウス　お雑煮おいしいのって素敵じゃない。小松菜か三つ葉くらいは入れますけどね、野菜はあまり入れないほうがあっさりしていていいわね。何にも入れないお雑煮、おいしいですよ。なさってみてください。

ホルトハウス房子　料理研究家。アメリカ人の夫と結婚したことをきっかけに、アメリカ国内をはじめアジア各地での生活を経験。帰国後、自宅で料理教室を開きながら、西洋料理についての著作を出版。一九九四年に創業した菓子店「ハウス　オブ　フレーバーズ」の経営にもあたる。『ホルトハウス房子　西洋料理』『ホルトハウス房子の世界でいちばんおいしいカレー』など著書多数。

対談

穴見秀生さん

（日本料理「本湖月」ご主人）

使いたい、伝えたい、日本の食材

松田　穴見さんのお店に伺うようになって、十五年くらいになるでしょうか。まだこちらでは新参者ですね。来るたびに新鮮な驚きがあって、お料理、器、しつらい、すべてきちっとした本物に触れられる喜びがあります。今回の本は、日本各地の郷土料理や食材を、私なりに家庭料理に生かしていることをお伝えする一冊なのですが、穴見さんのお店でも、大阪の食材との忘れられない出会いがありました。まだ定期的に通うようになるずっと前、初めてこちらに伺ったのがちょうど夏で、毛馬胡瓜という大阪の伝統野菜を出してくださいましたね。東京と違う胡瓜があることを初めて知り、なにわ野菜という大阪の地野菜が他にもいろいろあることを学ぶきっかけにもなりました。そうした食材のことを教えてくださるお店はなかなかないのですが、穴見さんはいつもきちんと伝えてくださいます。

穴見　最近の若いお客様は、西洋料理や中国料理の食材のことはよくご存じでいらっしゃるんです。海外からのお客様だけでなく、日本の方もそういう食材を喜ばれますし、そうなると店の側でも日本料理なのにホワイトアスパラガスやフカヒレ、キャビアといった食材を使った料理を出す店が多くなりますね。そうではない、昔から日本にある食材を僕がお出しすると、「こんなん初めて食べたわぁ」などと言われることも多くなりまして、これではこの先、日本料理はどうなってしまうのか、と。そういった危機感も、僕が食材についてお客様にお話しするひとつの理由としてあります。

松田　タブレット端末で、料理される前や産地での食材の画像を、カウンター越しに見せてくださることもあります。

穴見　機器の使い方を店の若い者に教わりましてね（笑）。

松田　その土地の食材を上手に使うのが郷土料理で、日本の家庭料理というものはそこから始まった部分が大きいと思います。私は家庭料理を教える立場として、その知恵を、私なりに今の時代に合わせながら、大事にしていきたいと思っているんです。穴見さんは大阪の料理や食材というものについて、どのように考えていらっしゃいますか。

穴見　やはりここ、大阪で商売をさせてもらっていますから、極力、泉州ですとか、土地の食材を楽しんでいただきたいと思っています。それにお客様は東京や北海道、九州からも来られますから、大阪の食材でお相手するべきなんじゃないかと思いますね。日本料理というと、賀茂なす、壬生菜（みぶな）といった京野菜の名前がよく食材として挙がるのですが、それは大阪ではなく、お隣の京都へ行って召し上がっていただいて。僕らも北海道へ行ったら北海道のものを楽しみたいですし。

松田　そうですね。地方にはその地方のいい食材がありますから。

穴見　それと僕たちの若い頃は、お客様のほうから「もうそろそろ時期やろ。あれ食べたいんやけど」「それ、なんですか」「あれ知らんのか」などと食道楽の方に言われることがよくありました。

松田　昔の旦那衆ですよね。

穴見　そうです。ずっと料理屋が出し続けてきて、その食材や料理でお客様が育ち、またそのお客様の言葉で若い料理人が教えられる、そういうバトンの受け渡しで自然に続いていく日本料理の文化があったわけですね。それが今、料理人とお客様との間でそういうキャッチボールがなかなかできない。ことにフレンチや中国料理など他の料理ジャンルに比べて、日本料理の店がそうなっていると感じています。

松田　それは寂しいことですね。私が子どもの頃は、祖父母にお料理屋さんに連れて行ってもらう時、日本料理の店なら箸の使い方や、洋服にこぼさないようないただき方を、前の日からうるさく言われたものでした。それも家庭の中で自然に続いてきた教育でしたよね。西洋料理に詳しい人が増えて、ナイフやフォークを誰もが上手に使えるのは素晴らしいことですが、その前に、日本の食材や料理、箸や器の使い方を知っていたいと思います。

理想の料理に近づく工夫

松田　日本料理の伝統や食材を大切にされながら、柔軟さに驚かされるのも穴見さんの料理です。たとえば水羊羹にゼラチンも使って、すっと切れるけれど弾力のある食感になさっています。

穴見　あれはゼラチンと寒天、それぞれの固まる工程、そして合わせるものとの比重の違いを、自分で整理して考えまして。中に流すものが、全部沈んでしまわずにバランスよく混ざった状態で固まるようにしたい、それと寒天だけではどうしても口当たりがよろしくない。ゼラチンと寒天、双方の長所を引き出して合体させるにはどうするか、ということですね。

松田　そういうことをさらりと種明かしされるのも穴見さんらしさで、科学的な考え方もいつも見習いたいと思うところです。料理を考える時、どういうふうに食べたいかという完成形を、穴見さんご自身が明確にイメージして構築されるということでしょうか？

穴見　そうですね。自分が教わった料理を一〇〇とは思わずに、もっとおいしくできるはずだ、と考えます。胡麻豆腐も「吉兆」で教わった通りに胡麻と吉野葛で練り上げますと、作りたてから一時間くらいはおいしくいただけるのですが、半日もすると葛の成分でどんどん凝固してしまい、一日も経ったら石鹸みたいにこちこちです。それをもっと「ぷりゅんぷりゅん」に、フランス料理のブランマンジェのような口当たりにできないだろうかなぁと、そういう発想ですね。

松田　昔の日本料理店は小僧さんが大勢いて人手があればこそ、いつも作りたての胡麻豆腐を出せたのでしょう。そうではない今の時代に、穴見さんがよりおいしいと思う胡麻豆腐を考えて、工夫を凝らして、お客様に伝えたいということなんですね。

日本の歳時記と旬

松田　もっとおいしく、という工夫をされながら、日本料理の基本を崩さない穴見さんが、日本料理の核として最も大切にされていることは何でしょうか?

穴見　それは、日本の食事には歳時記というものがある、ということですね。一月から最後の十二月まで、お客様にずーっとそのメッセージだけは送りたいという思いがあります。今日は十月ですが、お茶の世界では風炉の最後、名残の月です。その十月をお客様にいかに楽しんでいただくか、そのストーリーの中で献立を考えます。歌舞伎で言うならば、一月公演、二月公演、という出しものでしょうか。演目は何、主役は誰で脇役は誰、というように献立を決め、器やお道具を決めていく。これが一年のサイクルで続いていくという食事のスタイルは、世界中に日本だけですから、それを大切にして伝えていきたいと思っていますね。

松田　だから私も、季節ごとに穴見さんのお料理をいただきたいと、そう願わずにいられないわけですね。穴見さんが大切にされている日本の歳時記、その四季は、全く同じように家庭にも流れているはずですよね。歌舞伎のような大舞台ではなくて小劇場、国宝級の役者がそろうわけでもない小劇団ではありますが、穴見さんから家庭料理の担い手にアドヴァイスをいただけるとしたら、それはやはり四季の食材を取り入れることでしょうか？

穴見　それがいちばんでしょうね。日本の食材の旬というのは、二十日間だけなんです。筍にしても枝豆にしても、一か月続くということはなく、同じ土地では二十日だと思います。その最盛期の味は、スーパーでも必ず並んでいますから、それを極力選んで。難しいことは要らないと思います、シンプルに炊くとか……

松田　さっと茹でるとか。あとはちゃんとした調味料を使って。

穴見　ええ、ご自分のお台所で。それで「あ、私の炊き方、ちょっとお豆さん硬いな」と思われても、それはそれで家のお豆さんだからよしとして、旬をお楽しみになるべきですね。それで、お料理屋さんに行かれた時に、うすいえんどうでも召し上がって、「わ、やらかいわぁ」となったら、「これはどうやってやらかくしはるんですか」と聞かれたら、それで教えないという料理人はいないと思いますよ。

料理のどこに手をかけるか

穴見　日本の食文化に昔から根づいた食材、たとえば青干しのぜんまいや輪切りの切干大根、長ひじきや高野豆腐といったものを、どれだけ上手に戻して、やわらかくおいしく炊くか。僕はそれこそが料理だと思います。生雲丹にしてもキャビアにしても、そういう高級食材はそのまま触らなくていい、料理人が料理する必要がない食材ですよね。

松田　穴見さんの高野豆腐といったらもう絶品です。あれは非日常の世界で、私が煮ると日常にしかなりません。

穴見　野菜も大根やなすびのような、高価とはいえない食材にこそ思いを込めてやらないと、料理人としては答えは出ないよ、とそう思いますね。上にかける味噌をどれだけ思いを込めて練り上げるか。それで「大将おいしいわぁ、このお味噌」なんて言われると嬉しいですから「瓶に詰めて差し上げましょうか」となるんです。それは毎日、天然鯛のお刺身のへたが出ますから、それをストックしておいて赤味噌と作る、いわば立派な鯛味噌（笑）なんです。「そんなん家ではできないわ」と仰られたら、ご家庭なら煎ったいりこをフードプロセッサーにかけていりこ味噌にされたらおいしいと思いますよ、なんてお教えします。

松田　ああ、それは家庭の味になりますね。

穴見　酢味噌とか玉味噌、胡麻だれ、そういうものを時間がある時に自分の好みの味で作って瓶に入れておかれるといいと思いますね。冷蔵庫にマヨネーズがあるのと同じ感覚でお使いになれます。それとおだしと。そうしたら簡単にお浸しでも、ぬた和えでも胡麻和えでもすぐできますから、そうやって一年の中で今しかない旬の野菜を必ずいただいてほしいですね。

松田　ベースになるものが冷蔵庫や冷凍庫にあればすぐ一品作れて、バリエーションも増えるということですね。下ごしらえが大切なのですね。

穴見　僕も家では朝昼兼用の簡単なものしか作りませんが、お揚げさんを十枚いっぺんに炊いて二枚ずつ冷凍していますから、すぐきつねうどんができます。トマトソースやラタトゥイユもたくさん作って二人前ずつ保存袋に入れて冷凍しています。トマトソースはパスタを茹でる鍋で袋ごと温めたら鍋も汚れませんし、フレッシュトマトを入れたり浅蜊を入れたりでまた違う味になりますし。

松田 ラタトゥイユも、鶏肉のソースにもスープにもなりますね。

穴見 ええ、オムレツにかけたらもう立派な朝ごはんです。

松田 今は家庭でも冷凍庫、冷蔵庫があり、便利な保存容器も増えました。最初にちょっと手間をかけておいて、あとは段取りをつけるだけで賢く回していくのが現代の知恵ですね。

〝料理の着物〟、器の大切さ

松田 以前、こちらでぼんぼりをかたどった器を使われていて、次に雛の節句の頃に伺ったら同じ形の器に透けるように花びらが描かれていました。穴見さんはそういうふうにご自身のアイデアを作り手に伝えて器も作られていますね。

穴見 そうですね。ちりれんげひとつでも、もっとエレガントに召し上がれるような、女性の口からもすっと抜けるようなものにできないかと思って、形や角度、素地の薄さを何度も試作してもらっています。

松田　昔の茶人のような「穴見好み」ですね。工芸も家庭用の日常のものばかり作っていては、文化や技法が失われてしまいます。料理人として、野菜の生産者だけでなく、器の作り手も育てる役目を果たしていらっしゃるのですね。

穴見　食器というのは、使い勝手を求める「用」、一方で「美」という要素がありまして、日常の器は、その中間が使いやすいものだと思います。ただ僕は、店の器は美だけでいい、と思うんですね。器は料理の着物といいますが、料理屋の器は紬や大島ではなくて、やわらかもんの絹のおべべ。「いやぁーきれいやわぁ、すてきな帯やわぁー」とうっとり、思わず声が出るような着物です。ご自宅では怖くて使えないくらいの薄いガラスや蒔絵の椀、そういう器でお食事されると自然に器も丁寧に扱われますし、お行儀もよくなります。すっとした空間で、そういう非日常を楽しまれることも、お客様が料理屋に求めているもののひとつではないでしょうか。

松田　その通りですね。こちらへ伺うたびに、それを実感します。家庭料理を教えるにあたって、やはり私が本物を体験した上でお教えするのと、体験していないのとでは全く違うといつも思っています。せっかく本物に触れさせていただく機会があるのですから、これからも旬の食材や器のことを学ばせていただき、それを少しでも自分の家庭料理に生かして、伝えていきたいと思っています。本物に触れて、味わえることに感謝します。

穴見秀生　一九四九年福岡生まれ。大阪の料理店で三年間修業した後、渡仏。パリで四年間、ＪＡＬの機内食を担当。帰国後、名店「吉兆」へ。ここで日本料理の奥深さに目覚め、古美術や陶磁器への知識を深める。二九歳で「湖月」の料理長に。四五歳の時に同店を買い取り、屋号を「本湖月」として独立した。『ミシュランガイド京都・大阪２０１０』で二ツ星獲得。

本湖月
大阪市中央区道頓堀１-７-11
０６-６２１１-０２０１

日本全国から
おいしいものをお取り寄せ

北海道

「羅臼漁業協同組合　直営店海鮮工房」の
羅臼昆布

知床の寒流に鍛えられた昆布を、手間をかけて干し、熟成させた羅臼昆布。

「羅臼漁業協同組合 直営店 海鮮工房」
北海道目梨郡羅臼町本町３６１
０１２０-５３０-３７０
https://www.jf-rausu.shop

「岩橋商店」の
正油いくら

粒がプチっとつぶれる、ごく少量の醤油だけで漬けた「手作り正油いくら」。四〇年くらい前からずっと取り寄せている。

「岩橋商店」
北海道函館市本町10-5
０１３８-５３-３２７４

「井原水産」の
干し数の子

塩漬けとは全く違う食感の干し数の子。戻すのに一週間程度かかるが、薄皮もないし、生臭さがないので使いやすい。高価だけれど一度は試してほしい味。

「井原水産株式会社」
北海道留萌市船場町１-24
０１２０-０１６-４４３
https://www.yamani.com

青森

「そと川りんご園」の
林檎

低農薬の林檎。順々にいろいろな種類が届く。赤紫色の「おいらせ」が特に好み。

「株式会社そと川りんご園」
青森県平川市広船広沢93
０１７２-４４-２０２９
http://sotokawa.com

岩手

「なかほら牧場」の
グラスフェッドバター

草だけを食べて育った牛のミルクから作られている発酵バター。やさしい味わい。

「なかほら牧場（株式会社リンク）」
岩手県下閉伊郡岩泉町上有芸水堀２８７
０５０-２０１８-０１１０
https://nakahora-bokujou.jp

宮城

「御菓子司賣茶翁（おんかしつかさばいさおう）」の
和菓子

上品な味わいの麩焼きせんべい。包装も素敵なのでちょっとした贈り物にも。

「御菓子司賣茶翁」
宮城県仙台市青葉区春日町３-13
０２２-２１４-２２６２（ＦＡＸ兼用）

秋田

「赤倉栗園」の
善兵衛栗

〝日本一大きい栗〟は甘みもしっかり。こちらの栗で作った渋皮煮をお客様にお出しすると大きさとおいしさに驚かれる。

「赤倉栗園」
秋田県仙北市西木町小山田字八津194
0187-47-2231

「羽場こうじ店」の
麹

漬物だけでなく、鶏肉の下味に、野菜のポタージュに様々に使える万能調味料。冷凍庫に常備。

「合資会社 羽場こうじ店」
秋田県横手市増田町三又羽場72
0182-45-2600
https://habakoji.jp

「鈴和商店」の
きりたんぽ

うるち米をつぶして棒につけて焼くという昔ながらの方法で作られている。お鍋に入れるとよく味が染み込んでおいしい。

「有限会社 鈴和商店」
秋田県秋田市中通6-16-7
018-832-5924
https://www.mame.co.jp

「諸井醸造」の
魚醤しょっつる

ハタハタだけで作られたしょっつるは穏やかな香りで、様々な料理に使える。

「株式会社 諸井醸造」
秋田県男鹿市船川港船川字化世沢176
0185-24-3597
https://www.shottsuru.jp

山形

「お米のたわら蔵アスク」の
米

たわら蔵は山形県のおいしいものを集めた店。合鴨農法で作られたコシヒカリは二〇年以上も取り寄せている。

「株式会社アスク」
山形県山形市蔵王松ヶ丘2-1-36
023-695-4111
https://www.okomeno-tawaragura-ask.jp

「羽黒あねちゃの店」の
山芋

地元の安全でおいしい農作物を扱う直売所。山芋は粘りが強く、味が濃い。

「羽黒あねちゃの店」
山形県鶴岡市羽黒町
狩谷野目字宮野下149-2
0235-62-3895

福島

「会津二丸屋」の
鰊山椒漬

たっぷりの山椒の葉を使って漬けた身欠きにしん。そのままいただいても、千切りにした胡瓜と和えてもおいしい。

「株式会社会津二丸屋」
福島県会津若松市材木町2-8-18
0242-28-1208
http://www.aizunimaruya.com

茨城

「藤美堂(ふじみどう)」の
干し芋

茨城県産の紅はるかを使用した「紅はるかの平干し芋」。柔らかくねっとりした食感で、凝縮した甘み。

「藤美堂」
https://fujimidou.jp

千葉

「鈴市商店」の
落花生

千葉から通う生徒さんが教えてくれた落花生。秋の新豆の時期が楽しみ。

「鈴市商店」
千葉県木更津市新田1-5-19
0438-22-2319
https://suzuichi-s.co.jp

栃木

「大豆工房おらが」の
納豆

鬼怒川金谷ホテルの朝食でいただいてからお気に入りの、大豆七〇%、二条大麦三〇%の「おらが麦納豆」。昔ながらの藁で包まれていて、一人分にちょうどいいサイズ。

「鬼怒川金谷ホテル」
栃木県日光市鬼怒川温泉大原1394
0288-76-0001
https://kinugawakanaya.shop-pro.jp

「澳原(おきはら)いちご農園」の
いちご

しっかり熟してから収穫したスカイベリーは甘みが強く、香りもとてもいい。

「澳原いちご農園」
栃木県矢板市豊田1448
090-1833-0014
https://oki15.com

群馬

「茂木食品工業」の
蒟蒻

群馬県産の蒟蒻芋を使用した「生芋こんにゃく」。生の蒟蒻芋から手作りされた蒟蒻は芋の味がして、食感がいい。

「茂木食品工業 株式会社」
群馬県甘楽郡下仁田町東野牧229-1
0274-82-2626
https://www.zeitaku.jp/

埼玉

「小野食品」の仙波豆富

青大豆を使ったきれいな薄い緑色の豆腐で豆の味がしっかりする。ざる豆富もおいしい。

「有限会社 小野食品」
埼玉県川越市仙波町2-7-23
049-224-4057
https://senbatoufu.com

東京

「横井醸造」の赤酢、米酢

酸味がまろやかで旨みが強い「江戸前熟赤酢」と「純米酢」を長年愛用。どちらも料理の味を引き立ててくれる。

「横井醸造工業株式会社」
東京都江東区新木場4-2-17
03-3522-1111
https://www.yokoi-vinegar.co.jp

神奈川

「紋四郎丸」のしらす

ふわっとした釜揚げしらすは炊きたてのご飯にのせるだけでごちそうに。

「紋四郎丸」
神奈川県横須賀市秋谷1-8-5
046-856-8625

新潟

「かんずり」のかんずり六年もの

秋に塩漬けにした唐辛子を一度雪の上にさらしてアクを抜き、米糀と柚子、塩を混ぜて発酵させて作るかんずり。六年ものを愛用。

「有限会社かんずり」
新潟県妙高市西条437-1
0255-72-3813
https://kanzuri.com

長野

「木(こ)の花屋(はなや)」の野沢菜漬

酸味が出るまで発酵させてからいただくのが好み。そのまま食べてももちろんおいしいが、細かく切って炒めても。

「木の花屋」
長野県千曲市中355
026-274-3001
https://konohanaya.co.jp

「カネコ小泉定治郎商店」の氷餅

冬の厳しい寒さを活かした日本の食文化の一つ。砕いて菓子や料理にまぶしたり、ちょっと使うとおしゃれに演出できる。

「株式会社カネコ小泉定治郎商店」
0266-52-1877
TOMIZオンライン https://tomiz.com/で購入可能。

「新橋屋飴店」の米飴

米と麦芽で作られる「純米飴」は自然の甘み。コクが出るので煮ものや東坡肉（トンポーロー）（豚の角煮）を作る時にも。

「新橋屋飴店」
長野県松本市新橋3-21
0263-32-1029
https://www.shinbashiame.info

山梨

「かすがい農産物直売所」のフルーツ

ぶどう、桃、プラムなど旬のおいしい果物が味わえる。

「かすがい農産物直売所」
山梨県笛吹市春日居町桑戸817-1
0553-20-2211

「たむら農園」の枯露柿

水分が少なく、凝縮した甘みの干し柿。

「たむら農園」
山梨県笛吹市一宮町一ノ宮1336-3
0553-39-8846
https://tamurabudouten.shop-pro.jp

静岡

「由比港漁協」の桜えび

たくさん取り寄せ小分けにして冷凍。かき揚げ、パスタ、オムレツなど様々な料理で使っている。

「由比港漁業協同組合」
静岡市清水区由比今宿字浜1127
054-376-0001
https://yuikou.net

富山

「大多屋」の鱒寿司

脂ののった身の厚い鱒寿司は春の楽しみ。「包み鱒の寿し」はご飯もおいしい。

「大多屋」
富山県富山市西中野2-19-11
076-425-5100
http://ootaya.info

石川

「箔座」の金箔

盛りつけの最後にちょっと振るだけで豪華になる。「料理用金箔 縁 ふり筒ライト」はシンプルなパッケージで海外のお土産にも。

「箔座株式会社」
石川県金沢市森山1-30-4
0120-893-505
https://www.hakuza.com

福井

「かどの」のなれずし

米と麹で二週間漬け込んだへしこを使った「特上本づくりなれずし」は生臭さがなく甘みがあって食べやすい。心付にしたり、炒めものにも。

「釣り船・民宿かどの」
福井県小浜市矢代4-42
0770-54-3006
https://www.kadono-heshiko.com

「麩市」の地がらし

荒挽きした風味がいい辛子。すり鉢で当たるとさらに香りが立つ。

「麩市」
福井県福井市足羽1-6-18
0776-35-0454
http://fu-1.com

岐阜

「糀屋柴田春次商店」の米味噌

地元飛騨産の米と大豆で仕込んだ米味噌「つやほまれ味噌」。米麹が醸し出す甘みと旨みが特徴。

「有限会社 糀屋柴田春次商店」
岐阜県高山市松之木町199-2
0120-32-0653
https://www.koujiyamiso.co.jp

「白扇酒造」の本みりん

化学調味料や食品添加物不使用の本みりん。三年ほど熟成した「福来純伝統製法熟成本みりん」は琥珀色でやさしい甘み。

「白扇酒造株式会社」
岐阜県加茂郡川辺町中川辺28
0120-873-976
https://www.hakusenshuzou.jp

愛知

「中定商店」の宝山味噌

大豆の粒が残った豆味噌。冷凍しておいて、赤だしやいつもの味噌に少し混ぜて使う。

「合名会社 中定商店」
愛知県知多郡武豊町小迎51
0569-72-0030
https://www.ho-zan.jp

滋賀

「魚三」の本もろこ

琵琶湖で獲れた食材を扱う店。琵琶湖の沖合を住処にする小さな魚、本もろこは味が濃厚。

「株式会社 魚三」
滋賀県長浜市元浜町12-7
0749-62-4134
http://www.uosan.net

「中川誠盛堂茶舗」の
近江赤ちゃん番茶

我が家の冷蔵庫にはいつも入っているのが水出しの「近江赤ちゃん番茶」。雑味がない茎茶「近江手炒りほうじ」もおすすめ。

「中川誠盛堂茶舗」
滋賀県大津市中央3-1-35
077-522-2555
https://seiseido.com

三重

「岩戸の塩工房」の
岩戸の塩

生徒さんのお土産でいただいてから三〇年くらいずっと使い続けている。塩分濃度が低く旨みがある。

「株式会社 岩戸の塩工房」
三重県伊勢市二見町松下1366-9
0596-65-7980
https://iwatonosio.com

「たがねや」の
たがねせんべい

父のお土産の定番だったせんべいで、今も変わらない味。米のつぶつぶが残った歯応えと、たまり醤油の香ばしさがたまらない。

「たがねや」
三重県桑名市田町10
0594-22-2828
https://www.taganeya.com

奈良

「森奈良漬店」の
奈良漬

東大寺の前にある店。甘ったるくなく、酒の風味が強い。そのままいただいても、クリームチーズと合わせてもおいしい。

「株式会社 森奈良漬店」
奈良県奈良市春日野町23
0742-26-2063
https://www.naraduke.co.jp

和歌山

「山本勝之助商店」の
ぶどう山椒粉

葡萄の房のように実がつく和歌山特産のぶどう山椒を石臼で挽いたもの。緑色が美しく、香りと辛みが強い。

「山本勝之助商店」
和歌山県海南市阪井679
073-487-0001
https://kisyu-sansyoya.com

「紀州原農園」の
柑橘

じゃばら、檸檬、ベルガモットなど、いろいろな柑橘を一箱に詰めてくれる。

「紀州原農園」
和歌山県田辺市上秋津932-3
https://www.hara-farm.jp
（一般販売があるときはホームページでお知らせ）

「龍神自然食品センター」の梅干し

農薬・化学肥料不使用で育てた梅を使っているので器量はよくないが、風味があっておいしい。料理にはつぶれ梅が使いやすい。青梅もこちらのものを使っている。

「有限会社 龍神自然食品センター」
和歌山県田辺市龍神村西230
0739-78-2060
https://ryujinume.com

京都

「うね乃」のだしパック、かつお節

毎日のお味噌汁や料理には削り節やだしパックが便利。「おだしのパック じん(黄)」、「お煮しめだし」、「職人だし」は繊細で雑味のないだしが取れる。

「うね乃株式会社」
京都府京都市南区唐橋門脇町4-3
075-671-2121
https://odashi.com

「志ば久」の赤紫蘇

毎年作る赤紫蘇ジュースはこちらのものを。色も香りもとてもいい。春に出る菜の花を糠に漬けた「菜の花漬」もおいしい。

「志ば久」
京都府京都市左京区大原勝林院町58
075-744-4893
https://www.shibakyu.jp

「京都義の」の白たけのこ

京都ならではの色白で風味のいい白筍。柔らかくてえぐみもない。届いたらすぐに茹でるのが大事。

「京都義の」
075-200-9417
http://www.kyoto-yoshino.com/

「椿家」の豆

豆などの雑穀と粉物を扱う錦市場にある店。豆の保存の仕方や煮方などいろいろ教えてもらった。本当にいいものが手に入る。

「椿家」
京都府京都市中京区錦小路通富小路西入ル
東魚屋町176-3
075-221-1458

大阪

「花錦戸(はなにしきど)」のまつのはこんぶ

松の葉のように細かく刻んですっぽんだしで炊きあげた昆布。炊きたてご飯にのせても、茹でたほうれん草にのせてもおいしい。

「花錦戸」
大阪府大阪市西区新町1-16-11錦戸ビル内
0120-70-4652

「はり重」の
コールビーフ

創業一〇〇年を越える道頓堀の黒毛和牛専門店「はり重」の冷製ローストビーフ。和牛の旨みが溢れ出る。

「はり重」
大阪府大阪市中央区道頓堀1-9-17
06-6211-2980
https://www.harijyu.co.jp

兵庫

「八上屋城垣(やかみやきがき)醤油店」の
さんしょの実醤油漬け

若くてやわらかい山椒を木樽で漬けたもの。そのままでも、ちりめんに混ぜても。蛸と煮たり、牛肉と炒めてもおいしい。

「株式会社 八上屋城垣醤油店」
兵庫県丹波篠山市河原町48-1
079-552-0312
https://r.goope.jp/kigaki

「かいや」の
焼とうし蒲鉾

練り上げた鱧を杉の板に盛り、こんがりと焼き上げた「かいや焼とうし蒲鉾」。蒸し焼きではなく焼いているので食感がいい。

「かいや」
兵庫県神戸市兵庫区本町1-4-16
078-671-5647

「耕しや」の
黒枝豆

黒豆を完熟前に収穫した黒枝豆。粒が大きく甘みと深いこくがあり、黒豆の風味がある。十月上旬の解禁日から徐々に味が変化し、中旬以降が食べ頃。

「耕しや」
兵庫県丹波篠山市西浜谷281
090-3995-4176

岡山

「アーチファーム」の
黄ニラ

緑のものより香りが強くなく、さっと炒めて食感を楽しめる。たくさん食べられる。

「株式会社 アーチファーム」
岡山県岡山市北区牟佐3060
086-229-1129
https://archfarm.jp

広島

「沖友水産」の
殻付き牡蠣

貝柱が太く、大粒の「かき小町」という殻付き牡蠣が、味が濃くて好み。殻ごと焼いていただく。

「沖友水産」
広島県呉市安浦町三津口6-1-37

0823-84-4036
https://kaki.okitomosuisan.com

「マルイチ商店」の オイスターソース

化学調味料無添加の「オイスターキッチン・マルイチ」のオイスターソース。調味料の一つとして食卓で使えるソース。

「マルイチ商店」
広島県東広島市安芸津町木谷5682
0846-45-0059
https://www.setonosachi.com

山口

「秋芳梨（しゅうほうなし）生産販売協同組合」の 秋芳梨、二十世紀梨

しゃりしゃりとした食感で、甘みと酸味のバランスがとてもいい。

「秋芳梨生産販売協同組合」
山口県美祢市秋芳町別府3639
0837-65-2221
http://www.shuho-nashi.jp/sales
(8月下旬〜9月下旬販売予定)

鳥取

「浜橋商店」の のどぐろ干物

冷凍庫に常備している干物。皮はカリッと、身はふわっとしていておいしい。

「有限会社 浜橋商店」
鳥取県境港市渡町2890-1
0859-47-0275

「鳥取いなば農業協同組合」の らっきょう

色が白く、球が大きな「鳥取砂丘らっきょう」。身が締まって、繊維が細かいので、シャキシャキとした食感がある。

「鳥取いなば農業協同組合（JA鳥取いなば）」
鳥取県鳥取市湖山町東5-261
0857-32-1143
https://www.ja-tottoriinaba.jp/

島根

「島風生活」の 白いか・いわがき

細胞を壊すことなく凍結保存できる「CAS」で凍結されているので、鮮度がいい上に寄生虫の心配もない。

「株式会社 ふるさと海士」
島根県隠岐郡海士町福井1524-1
08514-2-1244
https://shimakazelife.com/

香川

「正金醤油」の 薄口醤油

風味がよく、塩分がしっかりある「うすくち生（なま）醤油」。味を決める時に使いやす

い。

「正金醤油株式会社」
香川県小豆郡小豆島町馬木甲230
0879-82-0625
https://shokinshoyu.jp

「甚助」の
手延素麺 黄金蔵糸

細いけれどしっかりコシがある。少し短めに茹でて、舌触りと歯応えを楽しむ。

「株式会社 甚助」
香川県小豆郡土庄町肥土山甲1797-10
0879-62-1363
https://www.jinsuke.shop

徳島

「美馬交流館」の
みまから唐辛子

糖度はメロン並、辛さはハバネロ級と言われるみまから唐辛子。辛いだけじゃない深い風味が特徴。

「美馬交流館」
徳島県美馬市美馬町字西荒川24-1
0883-63-2005
http://www.mimakara.com/

「岡田製糖所」の
阿波和三盆糖

在来品種「竹糖」で作った砂糖。主にお菓子作りに使用。小さな霰状の霰糖はカリッとした食感で、コーヒーにもお茶にも合う。

「岡田製糖所」
徳島県板野郡上板町泉谷
088-694-2020
http://www.wasanbon.co.jp

「麹屋 本家阿波おんな」の
しょいのみ

数種類の麹を醤油漬けにしたしょいのみ。もともとは醤油作りの副産物だった。炊きたてのご飯にのせて、または炒めものの味つけにも。

「麹屋 本家阿波おんな」
徳島県三好郡東みよし町加茂1863-5
0883-76-1500
https://honke-awaonna.com

愛媛

「魚重」の
鯛の浜炊き

しっかりと塩をした鯛を藁で巻き、内臓を取り出し、鶏卵を入れて蒸し焼きにしたもの。幼い頃の思い出の味。

「有限会社マリンプロダクト」
愛媛県今治市大浜町1丁目丙231-5
0898-23-2092

高知

「カネトシ」の
枯木柚子、枯木ゆずこしょう

高知県の樹齢一〇〇年を超える枯木ゆ

ずはえぐみが少なく香りがいい。収穫は一年おきに裏表があり、果汁は釘一本使っていない檜の搾り機で大切に作られている。

「株式会社カネトシ」
0794-73-8788
http://www.kanetoshi.co.jp

福岡

「博多あき津」の明太子

鰹と昆布のだしが利いた天然だし明太子「極附(きわめつけ)の切り子」。薄味なので料理にも幅広く使える。

「博多あき津」
福岡県福岡市東区香椎駅前3-19-10
092-672-6005
https://www.akizu.co.jp

「廣久葛本舗(ひろきゅうくずほんぽ)」の葛粉

今では珍しい国産（九州産）の葛だけを使った葛粉。擂鉢で擂ってからとろみをつけたり、お菓子作りにも。

「株式会社廣久葛本舗」
福岡県朝倉市秋月532
0946-25-0215
http://www.kyusuke.co.jp/

大分

「まるはら」の鮎魚醤

鮎と塩だけで作られた鮎魚醤は、魚醤独特のくせがない。素麵、酢のものなど様々な料理に少しかけるだけで旨みが出る。

「合名会社 まるはら」
大分県日田市中本町5-4
0973-23-4145
http://www.soysauce.co.jp

「TOYOCINI(トヨチーニ)」のDried椎茸

若手で頑張っている生産者が作る干し椎茸。原木椎茸を使った干し椎茸は旨みたっぷりでおいしい。

「原木椎茸トヨチーニ」
大分県宇佐市安心院町古川920
080-6422-9085
https://www.toyocini.com

佐賀

「有明の風」の海苔

赤みを帯びた黒色が特徴の艶と風味がある有明海の海苔。最近購入した卓上炙り器で炙ってからいただいている。

「有明の風」
佐賀県佐賀市西与賀町相応津115
0952-23-8779
https://ariakenokaze.com

長崎

「マルイ水産」の
炭火焼 焼あごだしパック

たまに違うだしが飲みたい時に便利なだしパック。煮ものに使ってもおいしい。

「有限会社マルイ水産商事」
長崎県平戸市生月町里免2913-1
0950-53-3080
https://tokisaba.jp

熊本

「白玉屋新三郎」の
白玉粉

佐賀県神埼産水稲もち米だけを使用した白玉粉。洗練した味の白玉ができる。

「白玉屋新三郎株式会社」
熊本県八代郡氷川町吉本72
0964-43-0031
https://www.shiratamaya.co.jp

宮崎

「内山金柑園」の
金柑

金柑作りに徹した農家さんの作る丸ごといただける「金柑たまたま」。そのままいただいても、はちみつでマリネにしても。

「内山金柑園」
0986-58-5302
http://uchiyamakinkan.jp

鹿児島

「タケマン」の
蒸したけのこ

蒸して、真空パックしてある筍。茹でずに蒸してあるので、筍の旨みが詰まっている。そのままでも、素揚げや、サラダにも。

「株式会社タケマン」
鹿児島県出水市高尾野町下水流1184
0996-82-0671
https://www.takeman.jp

沖縄

「双子農園」の
島らっきょう

宮古島にある農園。他にはないしゃきしゃきの食感。繊維に沿って薄く切り、鰹節とお醤油をかけていただくのが好き。

「双子農園」
080-6498-0305

おわりに

料理関連の仕事について今年で四〇年。自分がいちばんびっくりすると同時に感謝の気持ちでいっぱいです。両親に「人様に物をお教えするなど身の程知らず」と言われた言葉に奮起して早四〇年。今回の本の出版でこの四〇年を振り返るよい機会をいただきました。厳しい両親、本物の味を教えてくれた祖父母たち、正しい教えをくださった講師の方々、今までとは違うレールを教えてくださった人たち。素晴らしい課題で私を育ててくださった編集者の方々、料理を作るだけでなく、料理に関しての企画を立てるチャンスをくださった方々、料理を通して仕事は広がりました。なにより私の料理を食べてくださった友人たち。そして私の無理な注文にも応えてくれた歴代のアシスタントたち。素晴らしい人々に支えられてきました。四〇年に延べ何人の生徒の方々がいらしたか数えたことはありませんが、本当に私の料理がご家族を幸せにするお役に立ったのだろうか、本を買ってくださった方、自在道具を買ってくださった方々のお役に立ったのかしら、と振り返るとともに、背筋が伸びます。仕事やプライベートで地方を回るようになって、ますます家庭料理の大切さに気づきます。各地にその土地の郷土料理があります。これが家庭料理の原点だと気づかされることが多く、日本の大切な食文化です。身近な材料をいかにおいしく食べるか。その地の料理の「理」を大切に伝承していかなくてはと強く思います。「簡単」がもてはやされる時代ですが、やはり、「ちゃんと作るとおいしい、健康によい」を経験してからこそ、その方なりの時短を見つけられるのがベストです。毎日毎日きちんとは疲れますし、楽しくない！　ご自分が楽しく、おいしい方法を見つけていただけたら私はそれが嬉しいのです。

これから私が料理を通して何をしていきたいか。まずは料理の楽しさ、おいしさを伝えたい。そのための早道の料理科学や調理道具を紹介したい。そして日本の風土から成り立っている食材を伝承するお役に立てたら。そのためにはまず自分がいちばんに楽しんで、料理をしておいしく食べて心も身体も健康！　をモットーに切磋琢磨していきます。

今回この本を出版するお声がけをくださった平凡社の日下部行洋さん、渡辺弥侑さん、編集の佐藤雅子さん、成合明子さん、いつも私の料理を素敵に撮ってくださる鍋島徳恭さん、そして今回ブックデザインをご快諾いただいた櫻井久さん、鈴木香代子さんに心からお礼を申し上げます。

二〇二三年　春　　松田美智子

松田美智子（まつだ・みちこ）
料理研究家、日本雑穀協会理事、テーブルコーディネーター、女子美術大学講師。
一九五五年東京生まれ、鎌倉育ち。
ホルトハウス房子に師事し、各国の家庭料理、日本料理、中国料理など幅広く学ぶ。
一九九三年より「松田美智子料理教室」を主宰。
季節感を大切にした、美しく作りやすい料理を心がける。
二〇〇八年、使い手の立場から本当に必要なものを考えて開発した
調理道具、食器のプライベートブランド「自在道具」を立ち上げる。
『季節の仕事（天然生活の本）』（扶桑社、二〇二〇年）
『普段もハレの日も作りたい、家族が喜ぶおすし』（文化出版局、二〇二一年）など著書多数。

装幀・デザイン
櫻井久
鈴木香代子（櫻井事務所）

写真撮影
鍋島徳恭

編集
佐藤雅子
成合明子
渡辺弥侑（平凡社）

家庭料理は
郷土料理から始まります。
松田美智子が伝えたい日本の四季の味

二〇二三年三月二二日　初版第一刷発行

著　者　松田美智子
発行者　下中美都
発行所　株式会社 平凡社
〒一〇一-〇〇五一
東京都千代田区神田神保町三-二九
電話　〇三-三二三〇-六五八五（編集）
〇三-三二三〇-六五七三（営業）
ホームページ　https://www.heibonsha.co.jp/

印　刷　株式会社東京印書館
製　本　大口製本印刷株式会社

ISBN 978-4-582-63229-3